本书得到广州市人文社会科学重点研究基地
——广州国家中心城市研究基地（2021-2023）资助

U0578324

城市群
合理范围界定研究

CHENGSHIQUN
HELI FANWEI JIEDING YANJIU

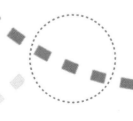

中国财经出版传媒集团
经济科学出版社
Economic Science Press
北京

图书在版编目（CIP）数据

城市群合理范围界定研究 / 刘岳平著. -- 北京：

经济科学出版社，2023.8

ISBN 978 – 7 – 5218 – 4915 – 8

Ⅰ. ①城… Ⅱ. ①刘… Ⅲ. ①城市群 – 研究 Ⅳ.

①C912.81

中国国家版本馆 CIP 数据核字（2023）第 122453 号

责任编辑：周胜婷
责任校对：王京宁
责任印制：张佳裕

城市群合理范围界定研究

刘岳平　著

经济科学出版社出版、发行　新华书店经销
社址：北京市海淀区阜成路甲 28 号　邮编：100142
总编部电话：010 – 88191217　发行部电话：010 – 88191522
网址：www. esp. com. cn
电子邮箱：esp@ esp. com. cn
天猫网店：经济科学出版社旗舰店
网址：http://jjkxcbs. tmall. com
固安华明印业有限公司印装
710 × 1000　16 开　12 印张　180000 字
2023 年 8 月第 1 版　2023 年 8 月第 1 次印刷
ISBN 978 – 7 – 5218 – 4915 – 8　定价：76.00 元
（图书出现印装问题，本社负责调换。电话：010 – 88191545）
（版权所有　侵权必究　打击盗版　举报热线：010 – 88191661
QQ：2242791300　营销中心电话：010 – 88191537
电子邮箱：dbts@ esp. com. cn）

前　　言

　　城市群已经成为促进区域经济发展，实现区域协调发展的重要增长极。国内外都高度重视城市群发展。国外城市群发展起步较早，我国政府自2015年以来也陆续出台了规划和政策来促进城市群的发展。城市群范围的界定是规划城市群发展过程的一个重要步骤。当前，对城市群范围界定的理论研究主要集中从城市之间的联系着手，仍存在需要进一步研究之处。本书在已有研究的基础上，在界定城市群范围时，不仅考虑了各城市之间的联系，还考虑了生态环境共治和区域发展战略。

　　本书回顾了相关理论和国内外已有关于城市群的相关研究。在理论回顾方面，笔者认为仅用中心地理论和增长极理论界定城市群空间范围仍存在一定的不足。中心地理论主要是考虑一个均质区域内的城市分布情况，以及各等级城市分布特征，并提出城市"中心性"的概念，不同等级规模的城市的"中心性"不一样，服务的范围也不一样，通勤成本也会影响到中心城市的服务范围；增长极理论认为一个空间增长中心可以辐射带动周边地区发展，而在现实经济中，一个区域的空间增长中心主要是该区域的中心城市，中心城市通过辐射带动周边城市发展，实现整个区域的发展，从而体现出中心城市与周边城市之间的联系。如果直接用这两个理论来界定城市群的空间范围，主要考虑的是城市之间的联系，而没有考虑城市之间的生态环境共治和区域发展战略。因此，需要在这两个理论的基础上做进一步的拓展，在界定城市群范围时，进一步考虑城市之间的生态环境共治和区域发展战略两个因素。在回顾国内外关于城市群的一些研究成果方面，本书主要梳理了城市群的概念、城市群的形成以及城市群空间范围的识别与界定三个方面，从已有的研究成果来看，在界定城市群范围时，主要是从城市之间的联系着手，并没有考虑到城市之间的生态环境共治和区域发展战略。

本书认为界定城市群的范围要确定城市群的中心城市。中心城市在整个城市群的社会经济发展中起着重要的作用。确定中心城市的关键在于确定中心城市的"中心性"，"中心性"主要表现在中心城市所提供的"中心商品"。中心城市的"中心性"是城市综合实力的一种表现，因此，在确定城市的"中心性"时，要综合考虑城市的城市规模、经济发展、社会发展、科技创新等方面因素。

本书主要从城市之间的联系、生态环境共治和区域发展战略三个角度构建一个界定城市群范围的框架。在确定中心城市之后，需要以中心城市为核心，来确定城市群的空间范围。已有研究在利用引力模型计算城市之间联系以界定城市群范围时，往往是直接利用，或者对模型稍加改造，并没有考虑城市之间联系背后的经济学含义。本书认为需要对城市之间为什么会存在联系做进一步的阐述，借鉴已有的研究，以城市之间的人口流动为例，阐述城市之间联系背后的机理。这样，引力模型就有了理论基础。但仅仅从城市之间联系来界定城市群范围仍存在一些不足，还需要从其他角度来考虑城市群的范围，以弥补用引力模型界定城市群范围的不足。首先，从城市之间生态环境共治的角度界定城市群范围。由于处于同一生态环境系统内的城市可能处于不同的发展阶段，对生态环境承载能力的要求也不一样，欠发达城市对生态环境承载能力的要求相对较高，发达城市对生态环境承载能力的要求相对较低，在发展过程中，有可能对生态环境造成破坏，导致两类地区形成"空间冲突"，进而出现负的外部性影响整个区域的发展；而且单个城市治理环境污染和生态破坏的成本高、效率低，如果城市之间共同治理生态环境的破坏和污染，不但成本低，而且效率高于各城市单独治理。因此，各城市之间组成一个城市群体，建立一个生态环境治理的协调机制，共同保护和治理生态环境，不但成本低，而且效率高。因此，可以从生态环境共治的角度来界定城市群范围。其次，进一步从区域发展战略的角度界定城市群范围。界定城市群范围需要有超前的视角。因为随着一系列区域发展战略的实施，一些项目的实施，例如交通基础设施的建设，特别是高速铁路等基础设施的建成通车，缩短了城市之间的通勤时间，进一步加强了城市之间的联系。原本与中心城市，或与区域性中心城市之间联系并不紧密或没有直接联系的非中心城市，因交通基础设施的完善，与中心城市或区域性中心城市联系紧密了或加强了，并参与到原有城市体系的分工与合作，这些城市在当前也可以纳入城市群的范围。

　　本书分别以长江三角洲城市群、珠江三角洲城市群、京津冀城市群和成渝城市群为例，运用本书所构建的界定城市群范围的理论框架分别界定了趋向鼎盛阶段的城市群合理范围、迈向成熟阶段的城市群合理范围以及快速发育阶段的城市群合理范围。笔者首先利用确定中心城市的方法确定城市群的中心城市。以城市经济规模、城市人口规模、城市空间规模三个指标为基础，分析了城市群内部城市位序－规模，结果表明城市群内部城市呈现一定的规模分布特征，但仍有城市群中心城市优势非常明显，城市之间发展差距较明显，导致位序－规模分布现象不是很明显。分析了中心城市和城市群内部城市位序－规模分布之后，本书对城市群的范围进行了界定。以城市之间的人口流动为例分析城市之间的联系，中心城市与各城市之间都存在一定的联系，有些非中心城市之间并不存在直接的联系。利用引力模型计算各城市之间的联系时，发现计算结果与城市之间的人口流动情况基本一致，而且发现：有些非中心城市与中心城市之间的联系非常小，甚至可以忽略不计；有些城市与中心城市的联系比较大，经济隶属度值较高，但是纳入城市群的范围并不是很合理。因此，仅从城市之间联系的角度界定城市群范围，仍存在不足。进一步从城市之间生态环境共治和区域发展战略的角度再分析城市群的范围，以对城市之间的联系界定城市群范围进行补充，就可以比较切合规划中所确定的城市群的空间范围。而且，城市群范围内已经发生的生态环境共治和区域发展战略的案例，也验证了从生态环境共治和区域发展战略角度对城市群范围做进一步的界定是合理的。

本书利用前文构建的界定城市群范围的分析框架界定了各城市群范围的合理性。结果表明，长江三角洲城市群的合理范围除了《长江三角洲城市群发展规划》中所明确的城市外，还应该包括温州，而金华可以不纳入城市群的范围；珠江三角洲城市群的范围应该包括广州、深圳、珠海、佛山、惠州、东莞、中山、江门等8市全境，肇庆的端州区、鼎湖区、高要区、怀集县，以及清远的清城区、清新区、英德市、佛冈县；京津冀城市群的合理范围应该包括京津冀三省市全境，而与京津冀毗邻的内蒙古、山东和山西的城市可以不纳入京津冀城市的范围；《成渝城市群发展规划》所明确的成渝城市群范围比较合理，但可以先围绕黔江打造渝东南都市圈，从未来区域发展战略视角考虑，把黔江纳入成渝城市群范围很合理。

本书为城市群空间范围界定和城市群未来发展提出了相关对策建议。认为对城市群空间范围的界定不仅要考虑城市之间的联系，还要考虑区域内城市之间的生态环境共治和区域发展战略等因素。另外，由于我国城市群发展刚起步，还需要进一步完善城市群发展的相关机制，进一步完善城市群内部交通等基础设施，实现城市群的整体发展。

本书创新之处在于构建了比较完整的界定城市群范围的理论框架。首先，阐述了用引力模型来分析城市之间联系背后的机理，认为城市之间的联系背后存在一定的机理。其次，分析了从生态环境共治的角度界定城市群范围的机理。最后，分析了从区域发展战略的角度界定城市群空间范围的机理。

目　　录

第1章 导　　论

1.1　研究背景和意义

随着经济的发展，生产要素不断向城市集中，城市集聚度不断提高，单个城市在发展过程中开始出现一些负的外部性，特别是一些大城市出现交通拥挤和超高房价等现象，这将在一定程度上影响到城市的进一步发展。此外，随着城市间交通、信息技术等基础设施的不断完善，城市之间的交流与互动将会进一步加强，特别是空间邻近城市之间的交流与互动的加强，有利于城市之间的分工合作。大城市与小城市之间的联系与互动不断加强既可以让大城市的发展辐射到周边小城市，从而带动小城市发展，也可以在一定程度上缓解大城市的交通拥挤和超高房价等方面的压力。这种在一定地域空间范围内各类型城市之间分工与合作的不断加强，并逐渐形成城市群的形式，将有利于区域经济的可持续发展。

1.1.1　研究背景

1.1.1.1　国外城市群已经成为经济发展的引擎

国外对城市群的规划起步比较早，城市群已经成为经济发展的引擎和增长极。在美国，东北部大西洋沿岸城市群是由5个大都市和40多个中小城市组成的超大型城市群，占美国总面积的 1.5%，约有人口 6500 万人，占美国总人口的 20% 左右，城市化水平超过 90%，创造的 GDP 占美国 GDP 总量的 30% 以上①；五大湖城市群制造业产值占美国全国制造业总产值的 30% 以上②。这两大城市群是美国的工业集中区和人口集中区。在欧洲，伦敦—伯明翰—利物浦—曼彻斯特城市群集中了英国 4 个大都市区和 10 多个中小城市，其中，伦敦都市区土地总面积 1572 平方千米，贡献了英国约 30% 的 GDP③；欧洲西北部城市群土地总面积 145 万平方千米，总人口为 4600 万人，10 万人口以上城市有 40 多座④，2020 年，巴黎大区的 GDP 约占法国 GDP 总量的 31%⑤。在亚洲，日本的东京城市群人口为 3400 万人，占日本全国人口总量的 27%，该地区生产总值占日本 GDP 总量的 1/3 以上，是日本产业聚集带和经济增长最为活跃的地区⑥。

由上可见，在世界发达经济体中，城市群已经成为支撑经济发展的重要增长极，也是社会活动的主要集聚地。发达经济体城市群的发展经验表明，城市群是助推经济发展的引擎。

1.1.1.2 国内高度关注和重视城市群的发展

随着工业化不断向前推进，城市化水平不断提高，产业分工将更加精细，城市与城市之间的联系也将不断加强，区域性城市集群化发展的现象开始出现，并成为带动区域经济发展的增长极。理论界高度关注我国城市群发展，并不断地从理论上研究我国城市群发展以及城市群形成的原因和

---

① 钟炎君. 美国城市群的发展及启示 [J]. 武汉轻工大学学报，2021，40（2）：80 - 86.

② 陈斌，黄雯. 中美城市群发展现状、模式及过程比较 [J]. 江苏工程职业技术学院学报，2021，21（4）：39 - 44.

③ 姚士谋等. 中国城市群新论 [M]. 北京：科学出版社，2016：117.

④ 李娣. 欧洲西北部城市群发展经验与启示 [J]. 全球化，2015，51（10）：15，41 - 52，134.

⑤ 巴黎大区投资促进局. 巴黎大区 2020 年资料与数据 [EB/OL]. [2022 - 07 - 28]. http：//www.paris-region.com.cn/h-col - 123. html.

⑥ 李民梁. 北部湾城市群：国内外典型城市群协同发展经验及借鉴 [J]. 中共南宁市委党校学报，2019，21（6）：28 - 33.

机理，并依据理论研究，从政策建议的角度提出了国家可以适当规划长江三角洲城市群、粤港澳大湾区城市群、成渝城市群等一系列地域性的城市群构想，为国家和政府层面规划城市群发展提供理论依据和政策建议。

近年来，国家和各级政府层面高度重视城市群发展，出台了一系列关于城市群发展的政策文件。2006 年，国家"十一五"规划纲要提出，要把城市群作为推进城镇化主体形态，逐步形成以沿海及京广、京哈线为纵轴，长江及陇海线为横轴，若干城市群为主体，其他城市和小城镇点状分布，永久耕地和生态功能区相间隔，高效协调可持续的城镇化空间格局。城市群的发展被正式写入国家文件，进入国家发展战略层面。2010 年，国家"十二五"规划纲要明确指出：促进区域协调发展，积极稳妥推进城镇化。城市群地区已经成为我国区域经济发展格局中的核心地区，其经济发展充满活力和潜力，成为新时期区域空间组织与城市的重要形式。2014 年初，国务院颁布了《国家新型城镇化发展规划（2014—2020 年)》，进一步明确了"以城市群为主体形态，推动大中小城市和小城镇协调发展"的新型城镇化发展道路。2015 年，国家"十三五"规划纲要进一步提出，发挥城市群辐射带动作用，优化发展京津冀、长三角、粤港澳大湾区三大城市群，形成东北地区、中原地区、长江中游、成渝地区、关中平原等城市群，发展一批中心城市，强化区域服务功能。2015 年的中央城市工作会议指出：要以城市群为主体形态，科学规划城市空间布局，实现紧凑集约、高效绿色发展；要优化提升东部城市群，在中西部地区培育发展一批城市群、区域性中心城市，促进边疆中心城市、口岸城市联动发展，让中西部地区广大群众在家门口也能分享城镇化成果①。2015 年以来，国家先后批复了《长江中游城市群发展规划》《哈长城市群发展规划》《成渝城市群发展规划》《长江三角洲城市群发展规划》《中原城市群发展规划》《北部湾城市群发展

---

① 中央城市工作会议在北京举行［EB/OL］.（2015 - 12 - 22）［2023 - 05 - 04］. http：// news. xinhuanet. com/politics/2015 - 12/22/c_1117545528. htm.

规划》《关中平原城市群发展规划》《呼包鄂榆城市群发展规划》《兰州——西宁城市群发展规划》《粤港澳大湾区发展规划纲要》。

理论界和国家以及各级政府层面对城市群的高度关注和重视，表明城市群是当前区域经济的研究热点之一，也是未来国家区域经济发展战略之一。

1.1.1.3 城市群逐渐成为一种新的城市空间集聚形态

随着经济发展，城市规模不断扩大，城市空间规模不断向外扩张。与此同时，区域一体化不断向纵深推进，城市之间的交通基础设施不断完善，城市之间的联系不断加强，进而促进了城市之间的分工与合作的深化。空间上相邻的城市之间由于各自的规模不断扩大，以及城市之间分工与合作的更加紧密，城市之间的社会经济联系更加紧密，相邻城市之间逐渐连成一片，成为一种新的空间组织形态。

1.1.1.4 城市群将成为推动区域经济协调发展的主要力量

在我国，城市群作为一种新的空间组织形态，将成为新的要素空间配置载体，有利于区域经济协调发展。毋庸置疑，城市群在社会经济发展中的作用越来越明显，已经超越单个城市，成为社会活动和发展的集中地。由于城市群是多个城市在一定地域范围内集中形成的空间组织形式，而且城市之间的联系日益紧密，互动日益频繁，产业布局也开始超越单个城市，在各城市之间布局，城市之间的分工和合作不断加强，以整个城市群作为空间载体进行布局，将引导生产要素在空间上的配置超越单个城市在整个城市群空间范围内配置。

产业布局超越单个城市，产业链的不同环节在一个城市群内部各城市布局，也可以在城市群之间布局。过去的产业布局在不同区域的城市之间，随着城市群的崛起，产业布局可以发生在城市群之间。产业在不同城市群之间也带动生产要素在各城市群之间流动，进而导致要素在城市群之间配置，城市群成为了要素配置的空间载体。

产业在城市群内部各城市布局，进一步实现了城市之间的分工与合作向纵深推入，实现要素在城市群内部配置，避免城市之间发展差距过大，促进城市群内部协调发展，带动整个城市群发展。同时，产业在城市群之间布局，引导要素在城市群之间的配置，有利于城市群之间的分工与合作，也有利于城市群之间的协调发展。由于城市群将作为区域的"经济增长极"，城市群之间的协调发展也将有利于区域之间的协调发展。

城市群将成为协调区域利益的主要形式。作为区域经济发展的主要空间组织形态，各城市群处于不同的区域，例如，哈长城市群地处东北，成渝城市群地处西部，长江中游城市群地处中部，长江三角洲城市群地处东部。通过在城市群之间开展生态利益补偿，可以协调城市群之间的经济发展利益，进而协调区域之间的利益。城市群除了可以协调区域之间的利益关系外，还可以协调城市群内部区域之间的关系。以城市群为单位，国家可以统一实施公共政策和区域发展政策，统一规划交通基础设施，避免城市群内部区域之间为争取国家政策而争夺资源。

可见，城市群将会成为区域协调发展的主要力量和空间单元。

1.1.1.5　城市群将成为参与全球竞争和分工的基本单元

到 2050 年，预计全世界 70% 的人口将居住在城市[①]；同时，城市群也是繁荣区域经济、带动农村经济发展、加快推进城镇化的发动机，可见城市群已经或将成为区域经济"增长极"和社会活动的主要集聚地。在未来，城市群也是参与全球竞争和分工的基本单元。

从发达经济体的发展经验来看，城市群在社会经济中的作用非常明显，已经成为其参与全球竞争的主要空间地域单位，例如日本三大都市圈，美国东北部大西洋沿岸城市群等，这些城市群不但是本国经济增长极，也是

---

① 联合国报告：到 2050 年全球一半人住在城里［EB/OL］. （2008 - 02 - 28）［2023 - 05 - 04］. http：//intl. ce. cn/gjzh/200802/28/t20080228_14666115. shtml.

这些国家参与全球竞争的主要力量。我国城市群之间发展差异较大，东部地区的粤港澳大湾区城市群和长三角城市群已经发展为世界级城市群，但中西部一些城市群的发展还刚刚起步，处于培育或快速发展阶段。但是国家层面和地方政府层面对城市群的发展高度重视，产业布局不断向城市群集聚，生产要素配置不断向城市群集中，粤港澳大湾区城市群和长三角城市群等已经成为带动区域经济增长的增长极，中西部地区城市群成为区域经济增长极的地位也将凸显。随着经济全球化的不断深入，我国对外开放不断深化，城市群也将成为我国参与全球竞争的主要空间地域单位。

城市群在参与全球竞争的同时，也是积极参与全球分工的主要载体。如前所述，城市群作为区域产业布局和要素配置的空间载体，已经成为区域经济增长极。在全球化日益深入的环境中，我国经济发展与世界经济发展的联系日益紧密，城市群作为参与全球竞争主体的同时也是参与全球产业分工的主体。长江三角洲城市群、粤港澳大湾区城市群以及京津冀城市群拥有大量世界 500 强企业的分公司。特别是制造业比较发达的长江三角洲城市群和粤港澳大湾区城市群，在全球产业链分工中，主要集中了大量的产业链上游环节。随着劳动力成本上升，这些劳动密集型产业开始向中西部转移，而这些转移的产业仍然布局在中西部地区的城市群区域，例如中部地区的长江中游城市群区域内部的武汉城市圈、长株潭城市群和环鄱阳湖城市群成为承接东部沿海地区产业转移的重要区域，中部的中原城市群和西部的成渝城市群也是承接产业转移的主战场。这些产业转移进一步提升了中西部地区的对外开放水平和参与国际产业分工的水平。东部城市群转移出劳动密集型产业，也促使其本身参与全球产业分工的价值链水平不断提高。这样一来，我国整体参与全球分工的水平不断提高。

1.1.1.6 城市群作为推进新型城镇化的抓手之一

《国家新型城镇化规划（2014—2020 年）》提出了推进新型城镇化要遵循的基本原则之一就是要"优化布局，集约高效"，在这一原则中提出了要

"科学规划建设城市群"，并提出了"构建以陆桥通道、沿长江通道为两条横轴，以沿海、京哈京广、包昆通道为三条纵轴，以轴线上城市群和节点城市为依托、其他城镇化地区为重要组成部分，大中小城市和小城镇协调发展的'两横三纵'城镇化战略格局"，以及"优化提升东部地区城市群"和"培育发展中西部地区城市群"。城市群将成为我国推进新型城镇化的抓手之一。《中华人民共和国国民经济和社会发展第十四个五年规划和2035年远景目标纲要》提出，以促进城市群发展为抓手，全面形成"两横三纵"城镇化战略格局。党的二十大报告提出，以城市群、都市圈为依托构建大中小城市协调发展格局，推进以县城为重要载体的城镇化建设。

1.1.2 研究意义

城市群的规划与发展已经得到了国家和地方政府的高度重视。国家层面已经开始实践规划城市群发展，地方政府也在积极配合国家层面的政策大力发展本区域城市群。城市群规划与发展的实践工作需要一定的理论为基础，理论的借鉴与指导有利于更科学合理地规划城市群发展。但目前的理论研究成果似乎滞后于城市群规划发展的实践工作，特别是城市群范围的界定研究成果争议很大。因此，认真研究城市群合理范围，既可以为城市群理论研究大家族添砖加瓦，又可以为城市群发展的实践工作提供一定的理论依据。

1.1.2.1 理论意义

目前，研究城市群范围的方法和理论并不健全，基本是采用地理学的研究方法和思路，或者借鉴其他学科的研究方法和思路，并没有从经济学的角度，采用经济学的理论和方法研究城市群的范围，即现有的研究方法和思路缺乏经济学基础。另外，现有研究城市群范围的方法和理论并没有在学术界形成一个固定的范式和理论分析框架。而且，现有研究城市群范围的维度主要限于城市群的国土空间范围内城市之间的联系，并没有研究在一定的空间范围内城市群的生态环境共治和未来发展战略方向。因此，对城市群范围的研究还有很大的空间。本书将从经济学的角度出发，构建一个有经济学理论基础的界定城市群范围的框架，与此同时，还将从生态环境共治和区域发展战略的角度研究城市群的范围。这样，城市群范围研究维度更加全面，城市群范围的界定有了更加丰富的理论基础，为我国城市群范围的界定提供了新颖的理论基础和方法。因此，在一定意义上说，本书的研究具有理论研究意义。

1.1.2.2 现实意义

如前文所述，城市群已经成为我国区域经济增长的"增长极"、产业布局和要素配置的主要空间载体、协调区域经济发展的主要力量、参与全球竞争与分工合作的主要地域单位。我国正在形成的城市群无论是经济规模还是人口规模都在区域中占较大比重，城市群在社会经济发展中占据主导地位也日益凸显，长江三角洲城市群、粤港澳大湾区城市群和京津冀城市群在现在和将来都将主导我国区域经济发展。随着城市群发展战略上升到国家发展战略，国家将会在各区域布局规划越来越多的城市群，城市群范围的界定将被认真研究和探讨。因此，对城市群范围的研究具有重要的现实意义。

1.2 研究内容、方法和思路

1.2.1 研究内容

本书以理论研究和实证研究为主，在理论研究的基础上进行实证研究。全书分为7章，主要内容如下：

第1章是导论。本章主要包括本书的研究背景、研究意义、研究内容以及研究方法和思路。

第 2 章是理论与文献综述。

第 3 章是理论框架构建。本章从城市之间的联系、生态环境共治和区域发展战略三个角度构建界定城市群空间范围的理论框架，并对三者之间的内在逻辑联系进行阐述。

第 4～6 章是实证部分。这三章利用第 3 章的理论框架和分析方法对三类发育程度不同的城市群范围进行界定，分别以长江三角洲城市群和珠江三角洲城市群、京津冀城市群和成渝城市群为例，分析和界定趋向鼎盛阶段城市群的合理范围、迈向成熟阶段城市群的合理范围以及快速发育阶段城市群的合理范围。

第 7 章是结论和展望。

1.2.2　研究方法

1.2.2.1　规范研究与实证研究相结合

在对城市群范围界定的研究过程中，实证研究方法的作用举足轻重。在实证研究过程中，采用定性分析和定量分析相结合的方法。首先在定性分析中进行抽象的理论分析，提出城市群范围界定的理论基础和分析方法；然后在此基础上，采用定量分析方法对城市群范围界定进行案例分析和实证研究。在案例分析和实证研究过程中，首先综合利用统计模型和计量经济学模型，对城市群范围的界定进行实证分析，并对相关统计指标进行运算和分析，找出城市群中心城市，计算中心城市与城市群内部各城市之间的联系强度和经济隶属度，然后利用构建的界定城市群范围的理论模型对城市群范围进行界定。在本书的研究背景、研究意义以及结论与对策建议中，研究方法主要是规范分析法。

1.2.2.2　理论研究与实践研究相结合

理论研究也是本书的重要部分。本书以中心地理论和增长极理论为基础，在已有的界定城市群范围的理论模型基础上引入经济学理论基础，从理论上阐述城市群范围的界定。将现有引力模型进行改造，引入经济学理论，使得引力模型具有理论基础，从而可以更科学合理地界定城市群范围。理论模型也来源于实践。本书通过深入剖析实践中已经规划发展的城市群范围，构建基础理论模型，使得理论模型更具有现实意义，能更好地解释现实情况。

1.2.2.3　文献研究与案例研究相结合

对已有的研究成果进行系统的梳理和归纳总结，从而为即将进行的研究奠定基础。本书的研究过程中，文献研究是主要研究方法之一。通过查阅与本书研究主题相关的国内外已有的文献和资料，并对文献和资料进行仔细研究和系统梳理，了解国内外在本研究领域的进展，以及取得的研究成果，为本书理论框架的构建提供思路。除此之外，案例研究也是本书不可缺少的研究方法之一。本书选取我国现有已经规划发展的城市群作为案例进行分析，做到文献研究与案例研究相结合。

1.2.2.4　动态分析与静态分析相结合

城市群的形成是一个动态变化的过程，因此，本书注重从动态的角度研究城市群范围，以便更好地了解城市群范围的动态演进过程。静态分析方法也是研究过程中必不可少的研究方法，通过静态分析方法，可以更好地作出比较分析。总之，在实证过程中，本书运用动态分析和静态分析相结合的方法，以便分析结果更稳健可靠。

1.2.3　研究思路

本书在评述国内外已有城市群研究成果的基础上，将中心地理论、增长极理论相结合，从城市联系强度、生态环境治理和区域发展战略角度，运用相关数理模型分析界定城市群的范围。总体思路如下：

首先，阐述城市群范围界定的理论基础和方法。通过对国内外研究成果进行详细系统的梳理，探讨现有的界定城市群范围的理论和方法的局限性，并尝试构建有经济理论基础的界定城市群范围的理论和方法。

其次，对中国城市群范围进行界定。在本书构建的界定城市群范围理论的基础上，从城市联系强度、环保治理和区域发展战略角度选取相关指标，运用案例分析、动态分析和静态分析等方法对中国城市群范围进行研究界定。

最后，城市群范围界定的对策建议。在上述理论分析和实证研究的基础上，提出城市群范围界定的对策与建议，以期为城市群的实践工作提供一些有针对性的对策建议。

本书的研究框架如图 1.1 所示。

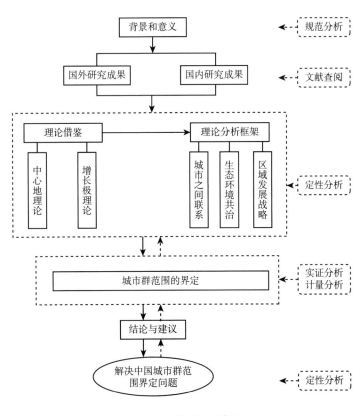

图 1.1　本书的研究框架

1.3　研究难点与创新点

1.3.1　研究难点

首先，理论模型构建。城市群的范围不仅仅包括空间范围，还包括在一定的空间范围内的生态环境共治和区域发展战略，通过分析城市群的生态环境共治和区域发展战略，可以动态分析城市群的空间范围变化。然而，在已有研究的基础上，如何有效地从生态环境共治和区域发展战略角度构建分析城市群范围的理论框架，以及阐述城市群空间范围与生态环境共治和区域发展战略之间的内在逻辑联系，是本书的难点之一。其次，变量的选取。城市群的空间范围极其复杂，因此，对城市群范围的衡量涉及经济、社会、文化等多方面，涉及的变量非常多，要准确地收集到所有变量非常困难，这也是本书的难点之一。最后，数据的缺失问题。由于涉及的变量和指标比较多，在数据采集的过程中，难免会遇到一些变量的数据缺失，而且不同城市在某些数据的统计过程中存在统计口径不一致的问题，这也给数据处理带来一定的困难。

1.3.2　可能的创新点

本书至少在以下方面存在可能的创新。首先，文章构建了有经济学理论基础的界定城市群范围的理论模型。已有的界定城市群范围的模型或方法中经济学理论基础不够，或者基本上没有，但从现实中城市群的形成来看，城市之间的联系并不只是简单的空间地理上的组合，城市之间存在着各方面的联系，因此在界定城市群范围时不能忽视这些联系。其次，文章在已有研究城市群范围的分析框架基础上引入了生态环境共治和区域发展战略两个视角，进一步丰富了已有研究城市群范围的理论分析框架，这也是对已有研究分析框架的补充。

1.4　本章小结

本章主要阐述了文章的研究背景、研究意义、研究内容、研究方法、研究思路以及本书的研究难点和可能的创新点。

首先，本章介绍了文章的研究背景。在国外，城市群已经成为助推经济发展的引擎。从欧洲、美国和日本等发达经济体来看，城市群已经成为社会经济活动的中心，是区域经济增长的主要集聚地。国内也高度重视城市群的发展，理论界的研究成果层出不穷，实践中也在规划城市群的发展；城市群作为一种新的空间地域单位，将成为产业布局、区域分工与合作以及要素空间配置的主要载体。因此，城市群将在区域协调发展中发挥重要作用，还将是参与国际竞争与分工合作的主要地域空间单元。

其次，本章阐述了本书的研究意义，包括理论意义和现实意义。笔者认为，现有的研究只是研究城市群国土空间范围的分布结构，研究方法缺乏经济学理论基础，而本书的研究将引入经济学理论基础，使界定城市群范围的方法更具有科学合理性。因此，本书的研究具有理论意义。与此同时，国家已经在实践中规划城市群的发展，对城市群范围的界定需要科学合理的方法作为理论依据，从这个意义上讲，本书的研究具有一定的现实意义。

最后，本章介绍了本书的研究内容、研究方法和思路、研究难点以及本书可能的创新点。本书分为 7 章，从理论和实证两个方面，运用规范研究与实证研究、理论研究与实践研究、文献研究与案例研究相结合等方法，研究城市群范围。本书的研究难点在于理论分析框架的构建，以及在实证研究中涉及的变量选取以及所选取变量的数据采集，而本书可能的创新点在于将经济学理论引入理论模型，对城市群范围进行界定。

第 2 章　理论回顾与文献综述

对城市群范围的研究涉及一定的基础理论，包括中心地理论和增长极理论，这些将是本书构建城市群范围界定理论模型的基础。此外，由于从城市群概念的提出到城市群发展的实践已经有一定的历史阶段，需要对这个阶段已有的研究成果和发展实践进行系统的梳理，这也将有利于更好地认识城市群的发展过程，这也是本书的起点和切入点。

2.1　理论回顾

本书重点回顾中心地理论和增长极理论，并以这两个理论构建界定城市群范围理论模型的基础。

2.1.1　中心地理论

1933 年，德国城市地理学家沃尔特·克里斯塔勒在对德国南部的城镇进行大量调查后，撰写并出版了《德国南部的中心地原理》一书，并提出了"中心地理论"。《德国南部的中心地原理》详细阐述了"中心地理论"的基本理论框架，分析表明，在一个区域内，大中小城市的中心性存在一定的等级性，导致大中小城市呈现一定的层级分布；该书进一步阐述了呈现层级分布的内在机理和影响因素，并运用"中心地理论"的基本理念分析和研究城市体系分布，奠定了"中心地理论"在城市体系理论中的重要地位。中心地理论主要研究商业与服务业的区位布局、区域交通体系、城市经济腹地、最佳市场区边界等内容，同时又将中心城镇空间分布有机结合起来，最终该理论推导出在一定地域范围内中心地（城市）的数量、等级、空间分布等结论，因此中心地理论也被称为"城市区位论"。中心地理论首次将区域内的城市体系模型化，提出了六边形的最终城市市场区，系统地阐明了一定范围内城市的等级规模以及分布规律。该理论经推导发现，市场竞争的最终结果将使城市的经济腹地变成六边形，并在一个区域中形成功能不同、大小各异的空间等级体系。

与约翰·杜能（Joham Thunen）研究"孤立国"的方法相类似，沃尔特·克里斯塔勒（2016）在构建中心地理论之初，也提出了很多假设：研究区域为均质平原，中心地（城市）在平原上均匀分布；该区域内拥有足够的资源，并且资源也是均匀分布的；整个区域的运输条件完全相同，但不与外界发生经济联系；该理论还假设，在该区域内的所有生产者和消费者都是"经济人"；生产者想要获得利润最大化，为扩大市场区边界，生产者之间的间隔距离要尽可能地远；消费者为获得效用最大化，都会到最近的中心地购买商品和劳务。

沃尔特·克里斯塔勒（2016）在研究中心地理论时，首先界定了一些基本概念，如中心地（城市）、最优市场区边界等。沃尔特·克里斯塔勒认为，一个区域内的中心地（城市）有不同的规模和类型特征，并且这些不同等级、规模的中心地（城市）将按照大小进行排列，形成中心地（城市）的等级分布规律。在该中心地分布体系中，等级越高的中心地，所能提供的产品和劳务越齐全。中心地理论的实质是研究和揭示在一个均质的区域内，城市体系是如何形成的、不同等级规模的城市是如何分布的。通过研究发现，在这个城市体系中，规模最小的城镇数量最多，城镇规模越大数量越少（克里斯塔勒，2016）。

中心地理论对西方城市经济学理论的作用是开创性的，极大地促进了城市经济学理论的实践和发展。该理论是城市经济学的基础理论，构筑了城市经济学的理论框架和分析范式，以实现利润最大化为原则，以市场为中心，认为区域的空间结构必然是以中心地（城市）为中心，并由相应的多级市场区构成的网络体系。沃尔特·克里斯塔勒通过对市场区域形状和中心地空间分布状态的分析，建立了城市空间分布与组合模式。该理论对于城市与区域空间结构、城市规模等级划分、城市区位以及商业区位布局都有着重要启示。在现实应用中，中心地理论为其后广泛开展的区域规划、城市规划中的城镇体系布局规划提供了重要的指导思想。

2.1.2　增长极理论

增长极理论是 1950 年由法国经济学家弗朗索瓦·佩鲁（F. Perrous）提出的，它是西方发展经济学家关于一国经济是否平衡增长论战的产物。佩鲁（1987）认为，现实中经济要素的产生和发展具有非均衡性，不同强度的经济要素出现于一些增长点或增长极上，再通过不同渠道向外辐射，最终对整个经济产生不同的作用效果。可见，早期的增长极理论是一个纯经济概念，他引用的经济空间概念更强调经济元素的结构关系，忽视了对地域空间的研究。1957 年，法国地理学家 J. 布德维尔（J. Boudeville，1966）和其他许多学者一起将"极"的概念引入地理空间，并提出了"增长中心"这一空间概念。布德维尔的增长极理论强调了地理区域特征，他将佩鲁的"极"概念由产业部门转化为不断扩大的工业综合体，赋予其确定的地理位置，并作为城镇出现。从 20 世纪 60 年代起，人们对增长极的研究沿着部门增长极（推动型产业）和空间增长中心（集聚空间）两条主线展开。

增长极的出现会伴随扩散作用和极化作用的产生，因而对周围区域的经济发展可能产生正负两方面的影响。极化的过程又称为"回流效应"，在这一过程中，增长极通过对周边区域的吸引，使生产要素转移到增长极地区，实现经济的累计增长和区域中心地位的提升，但周边地区的发展却受到限制，导致两者经济发展差距扩大，即增长极对周边地区的发展产生负面影响。正面影响是由增长极的扩散作用产生的。增长极发展到一定程度，扩散作用开始出现，会带动要素流的流动，对周边地区的就业、科学技术、产品输出等产生有利"波及"，从而带动周边地区经济发展。美国发展经济学家赫希曼在研究均衡发展理论时，把这一过程又称为"涓滴效应"或"波及效果"。增长极的极化作用和扩散作用是同时存在的，他们方向相反，但作用力的大小不相等。瑞典经济学家缪尔达尔（Myrdal，1957）在对比了经济发达地区与落后地区的关系后，发现极化作用的强度总是大于扩散作用，在市场机制自发作用的情况下，地区差异将会不断拉大，即会出现"富者越富，穷者越穷"的现象；他认为可以通过国家政策干预来缓解这一现象。但赫希曼（1996）却认为，增长极的累积性集中增长确实会扩大地区经济发展的差距，但这只是阶段性效应；从长期看，增长极的持续累积性会导致集聚不经济，从而促使工业分散，扩散作用逐渐增强，扩散作用的增强将缩小地区差异。

2.1.3　相关启示

上述理论对研究城市群范围界定的理论具有一定借鉴作用。首先，中心地理论主要解释城市之间的联系导致城市等级体系的形成，并且有一定的空间范围。城市群也是以一个或一个以上大城市为中心，与周边小城市一起组成的有等级体系的城市体系，因此，可以借鉴中心地理论来研究城市群范围。其次，与中心地理论类似，增长极理论可以被用于作为城市群范围界定理论模型的基础。城市群范围需要考虑中心城市的发展所能辐射的半径，由于距离衰减规律的存在，中心城市辐射的半径有限，这决定了城市群的空间范围，同时也体现了中心城市在城市群范围内作为增长极的辐射范围。而增长极理论主要阐述和解释某一增长极区域经济发展的带动作用。因此，借鉴增长极理论，构建研究城市群范围的理论模型具有一定的意义。最后，城市群的范围界定必须考虑城市之间的联系，这主要包括人流、物流和信息流等一系列要素的流动，而产业是这些要素流动的载体。一般情况下，中心城市是产业的主要集聚地，也是高端产业集聚地，处于产业链的下游环节，周边城市的产业则一般处于产业链的上游或中游环节，中心城市与周边城市之间有可能存在一定的产业地域分工与合作，考虑到交通等成本的存在，一般是中心城市与其邻近的城市的产业分工与合作更紧密，这种邻近的产业地域分工与合作可能形成空间产业集聚地。因此，中心地理论和增长极理论在一定意义上也可以作为研究城市群范围界定理论模型的理论借鉴。

虽然上述理论可以对本书研究城市群范围有一定的借鉴作用，但是，这些理论用于具体分析城市群的范围可能还存在一定的不足，例如中国城市群空间范围的确定可能要考虑到生态环境共治和区域发展战略等相关因素，而这些因素在上述理论中并没有涉及，所以本书在借鉴上述理论时，还会考虑生态环境共治和区域发展战略等因素，以拓展中心地理论和增长极理论。

2.2 国外研究现状

2.2.1 城市群的概念

国外关于城市群概念的研究主要有两条线索。

（1）一条线索认为城市群的思想从托马斯·亚当斯（Thomas Adams）和刘易斯·芒福德（Luis Mumford）之间的争论开始。城市群作为一个大规模、跨都市区的城市结构，其思想可以追溯到 20 世纪前 50 年托马斯·亚当斯和刘易斯·芒福德之间的争论（Marull et al.，2015）。托马斯·亚当斯认为城市将继续保持 19 世纪的形式，即使城市居民增加到 1000 万人或 2000 万人，城市空间范围也只是从城市中心向外延伸 50 英里或者更远。然而，刘易斯·芒福德预言都市区结构将发生根本性的转变，他认为都市区的结构将会脱离单中心的空间结构形式，向更加多样化的城市网络和巨大且整合的乡村组织空间形式发展，这种城市空间结构就是"城市区域"。

刘易斯·芒福德关于城市空间结构变化的预言被认为是城市群概念思想最早的来源（Marull et al.，2015），这个预言在当时也没有得到实证研究的支持。在若干年后，关于城市群概念的实证研究才开始出现。最早对城市群进行实证的是戈特曼（Gottmann）。戈特曼（Gottmann，1969）发现波士顿和华盛顿之间的联系不断紧密，并在空间上逐渐连成一片，形成都市区的集群形式，他把这种都市区连片形成的都市区集群形式称为特大都市区，并把特大都市区定义为不同社会活动的集聚，且居民密度和土地规模比一般情况下所描述的城市集聚规模要大。与此同时，纽约区域规划委员会（RPA）发布了一系列关于新纽约都市区增长模式的报告，并在报告中定义了"亚特兰大都市区域"，这个概念本质上与戈特曼的特大都市区概念的含义一致。纽约区域规划委员会认为亚特兰大都市区域的规模和传统都市区规模之间的差异在于，前者由大量的主要城市作为节点而组成，这些节点城市在行政上都可能是自治的，但同时因彼此邻近，从而从相互邻近的城市中获得利益，使其相互整合一体化的程度提高（Lang & Dhavale，2005）。道萨迪亚斯（Doxiadis，1968）也曾预言，城市的连续增长会导致许多城市连成一片辽阔的城市复杂体系。道萨迪亚斯（Doxiadis，1968）还证明了影响城市未来发展的三种因素：当前城市中心的吸引力；主要交通联系的吸引力；居民所能接近的海洋、湖泊、河流及其他风景区给人的审美吸引力。他还设想了一个未来城市模式，即城市复杂体将随相互连接的城市连续网络体增长，最终形成一个世界都市的首要城市。

大前研一（Ohmae，1993）从一个完全不同的视角介绍了城市群的概念。他所关注的空间单元是私人部门的管理者或公共部门的公职人员一定会作出决定的。他认为，单一民族国家"已经变成一个非自然的，甚至是机能失调的单位，因为在一个无边界的世界，组织人类活动和管理经济的努力在全球经济地图上应该被'区域国家'取代"（Ohmae，1993）。他所说的区域国家被认为是一个自然经济区，在一国的边界内外都可能会下降。另外，"区域国家"的概念认为一个国家必须足够大，以至于可以提供一个有吸引力的市场，并且可以保证交流和交通基础设施能为全球范围内的经济参与者提供高质量的专业服务。

近年来，对社会和经济网络的相互依赖的意识不断增长，导致对"巨型区域"含义的解释的重要性也不断增加。巨型区域已经被定义为"相邻近城市及其郊区的集聚，其延伸范围已经远远超过单个城市及其内地郊区"（Florida et al.，2008），或者是"都市区中心及其周围地区的网络通过当前环境、经济、文化等方面和基础设施的关系连接起来的区域"（Ross，2009）。本质上，巨型区域是一个形成空间和社会经济连续统一体的大都市区城市网络，是一个新型的自然经济单位。在这个经济单位中，所有的大都市区不但内部本身不断增长，并且变得更加密集，而且其增长不断向外扩张，也包括另一个大都市区。巨型区域并不是人为强加的政治边界的结果，而是创新中心之间、生产和消费之间不断增加的交流互动的结果。

（2）另一条线索认为城市群概念的思想来源于英国学者霍华德（Howard）。19 世纪末期的霍华德在其研究中出现了城市群概念的思想。霍华德（Howard，1898）提出了发展"田园城市"，通过由田园城市组成的城市群体，实现城市的协调发展，以解决大城市过度膨胀问题。20 世纪初，戈登斯（Geddes，1915）提出了"组合城市"的概念，这一概念描述了城市在发展过程中出现的人口组群发展的新形态，并预言由于组合城市的不断发展扩大，其空间范围也将不断扩大，有可能发展成为世界城市。20 世纪 30 年代，克里斯塔勒提出了中心城市与邻近的非中心城市之间的联系与互动的不断加强将会导致区域内各城市形成城市体系，并构建了六边形的城市群体系组织结构模型（Christaller，1996）。到 20 世纪 50 年代，"城市体系"

的概念开始出现（Duncan，1991）；与此同时，空间相互作用理论也被提出（Ullman，1957），这进一步有利于从理论上对城市群概念进行解释。

20 世纪 90 年代，针对沿大城市核心区域间交通走廊所延伸的农业活动与非农业活动之间高度混合形成的一种新的地域现象，学界提出了"城乡融合区（desakota）"的概念，这一概念形象地描述了这一新的地域现象。之后，城市群（urban agglomeration）的概念被联合国人类聚落中心用于作为衡量大城市规模的标准。随着全球经济一体化的快速推进，世界上出现了跨国联系不断加强的城市网络体系，全球城市区域（global city-region）的概念也被提出（Scott，1996）。

近些年来，城市化进程不断加快，大都市区之间的联系不断加强，并在地域空间上连成一片，巨型城市区域（Hall，2006）和城市区域（Rvaetz，2000）的概念也被提出。巨型城市区域是指以一个全球城市或世界城市为中心，由多个都市区以及周边的小城镇所形成的结构复杂的庞大网络状城市复合体。城市区域是指城市群区域内是一个"城市—腹地"相互作用的系统，该区域内部具有行政、产业、通勤、流域等联系，并以该区域作为一个整体来规划发展，以实现其政治意图；这样一种模式的发展具有长期功效，可以成为一个有效的功能区域。因此，城市群作为一种地域空间形态，不仅是城市发展规模在空间上扩展的结果，也是城市功能升级、产业扩散、经济空间联系日益紧密的过程中形成的结果。

综上所述，无论从哪一条线索开始，城市群概念的出现都经历了一个不断演变的过程。无论是哪个概念，都是在尽量描述单个城市或都市区的发展不断扩大，与邻近地区的交流互动不断加强，并在空间地域上连成一片，形成城市或都市区的集合体，这就是现在所称的"城市群"的概念。

2.2.2　城市群的形成

集聚与扩散效应是城市群形成的原因之一。沃恩斯（Warnes，1991）

从"集聚与扩散效应"的角度研究伦敦城市群的形成，其观点也成为后来者研究城市群形成原因的切入点。集聚效应形成集聚力，扩散效应形成分散力。在单个城市体系向多个城市体系转化的过程中，制造业产品的种类所形成的集聚力是导致城市形成和城市体系演化的集聚力（Krugman，1993），这种集聚力导致城市群的中心城市首先形成，与此同时，城市之间及其腹地之间的运输成本会形成分散力（Krugman，1993），这种分散力又会导致城市群的次级中心城市形成。就单独一个城市来讲，在集聚度不断提高的同时，城市规模经济也会不断扩大，城市土地租金与劳动力工资相应提高，进而导致企业生产成本提高，促使企业寻找新的城市作为生产地点（Duranton & Puga，2000）。

经济全球化不断推进是城市群形成的另一原因。从经济全球化的角度考虑城市的形成主要是从全球城市的竞争与分工合作的视角出发。经济全球化过程中，随着经济全球化进程的加速，全球各地城市之间的联系不断增强，城市之间的要素流动加快，从全球的视角来看，城市之间的联系更加紧密；此外，由于城市之间的要素流动不断加快，城市之间的资本和劳动力等交流频繁，城市之间以前所未有的速度结合，逐步形成全球城市群网络，这也加剧了全球城市之间的竞争。城市在全球范围内的激烈竞争，也会促使区域内部城市之间通过协作或合作等方式提高整体的综合竞争能力，以城市群体的形式参与全球城市之间的竞争，从而导致一种新的城市群体空间形态形成，即：以单中心城市为核心的城市群及其腹地，或以多中心城市为核心的若干相互接壤的城市及其腹地，最终形成城市群这种空间组织形式（Fan，2002）。在全球化背景下，市场面临的不确定性增加，促使劳动力、资本和技术等生产要素开始加速向各个区位集聚，企业之间的依赖性也不断提高，交易成本降低，城市之间的联系加强，分工不断深化，在空间上表现为由多个邻近城市组成的城市群体（Storper，1997）。有学者从分工和专业化的角度深入阐述了城市群形成与发展的机理，城市群的本质是城市之间生产、消费和交易活动在一定空间范围内的集中，这一空间范围内的生产活动为厂商提供了相互需求的市场，有利于厂商的专业化生产；与此同时，人们在这一空间范围内的消费、交易与交流以及厂商之间的交易，有利于加快信息的传递和知识经验的交流，使城市之间的交流更加紧密（Bertineli et al.，2004）。

还有学者从内生增长的角度来研究城市群的形成与发展。内生增长理论认为，知识密集型城市是城市群形成的关键，因为知识和技术的可持续支撑力形成一种内生动力促进城市可持续发展；内生增长理论分析城市群的形成更加侧重知识、技术等要素集聚对城市群形成的影响（Jones，2006）。吉勒斯等（Gilles et al.，2003）在内生视角下基于共享、匹配、学习机制，从微观视角研究了城市群经济的形成与存在，并进一步揭示了城市群存在的原因。

从新经济地理的角度解释城市群的形成。应用非线性动力学中的分叉理论，采用演化的方法，将藤田昌久和克鲁格曼模型扩展为多城市模型。这个模型引进了动态调整因素，使得该模型能够更好地分析新城市形成的动态过程，进而考察因人口增长导致的经济空间的演进机制。该模型以人口为切入点，从一个单中心城市开始，分析整个城市体系的演进过程。由于每种产业有不同的市场潜力曲线，人口增长和农业区的扩展首先会导致弹性最高产业的市场潜力曲线最先达到某一区位临界值，从而助推该类产业的厂商在市场潜力临界值地区办厂，形成层级最低的城市。以此类推，随着人口和农业区的进一步增长和扩展，弹性次高的产业的市场潜力曲线也会在某一层级较低的城市地区达到临界值，此时该类产业的厂商就会到这个层级较低的城市地区办厂，从而形成层级次低的城市。如此下去，经济体内便形成了规则的城市层级结构（Fujita & Mori，1997；Fujita et al.，1999）。

2.2.3 城市群空间范围的识别与界定

对城市群空间范围的识别与界定主要从定性与定量两个方面进行研究。

2.2.3.1 定性研究

从定性方面看,研究思路是首先采用演绎归纳方法,总结城市群发展所表现出来的共性特征,并选取评价社会、经济发展的相关指标来衡量这些共性特征,然后,确定这些指标的取值或取值范围来量化这些共性特征。主要的研究成果如下:

戈特曼(Gottmann,1957)从 5 个方面识别和界定城市群及其范围:一是区域内城市密集度较高;二是有相当多的大城市形成各自的都市区,且核心城市与都市区外围地区社会经济联系密切;三是有完善的交通基础设施把核心城市连接起来,各都市区之间没有间隔,且联系紧密;四是总体规模较大,人口在 2500 万人以上;五是具有国际交往枢纽的作用。

帕佩约阿鲁(1996)借鉴城市和大都市区的界定方法,对大都市带的人口密度、具体数量及不同层级聚集体的人口规模等都提出了明确的要求:首先,至少有两个基本单元和一个二级单元聚集体;其次,人口密度不少于 193 人/平方千米;再其次,二级聚集体人口为 10 万~100 万人;最后,三级聚集体人口为 1 万~10 万人。

麦吉(McGee,1985)对城市群识别和范围的界定标准为:一是人口密集且交通发达;二是城市外围当天可通勤;三是非农产业增长迅速;四是人口流动性强;五是参与非农产业的女性劳动力逐渐增多。

法国对城市群识别与范围界定的标准为:一是有密集的城市;二是城市之间有密切的联系;三是交通运输网络设施发达;四是人口不低于 2500 万人;五是人口密度大于 250 人/平方千米(黄征学,2014)。

美国区域规划委员会对城市群或"大都市区"的空间范围界定标准为:一是该区域必须属于美国的核心统计区;二是人口大于 200 人/平方英里,且在 2000~2050 年,人口密度需增加 50 人/平方英里;三是人口增长率大于 15%,2020 年总人口增加 1000 人;四是就业率增加 15%,2025 年总就业岗位大于 2 万个(黄征学,2014)。

日本行政管理厅在 20 世纪 50 年代把都市圈定义为以一日为周期，可以接受城市某一方面的功能服务的地域范围，中心城市人口规模须在 10 万人以上；在 60 年代又提出了"大都市圈"的概念，把"大都市圈"定义为：圈内总人口至少有 3000 万人，中心城市为中央指定城市，或人口规模在 200 万人以上，并且邻近有 50 万人以上的城市，外围到中心城市的通勤率不低于 15%，圈内城市之间的货物运输量至少占总量的 25%（方创琳，2009；黄征学，2014）。

2.2.3.2　定量分析

从定量方面的研究来看，主要是借鉴计算机的辅助手段，运用地理信息系统、分形方法和夜间灯光数据等方法确定城市群的空间范围和边界。

巴达（Bhatta，2009）引进了理想城市径向距离（ideal urban radial proximity，IURP）的概念，在数字环境中使用地理信息学来识别空间城市增长边界，分析了 1975～2005 年加尔各答城市群的扩张过程，利用印度加尔各答城市群 1975 年、1990 年和 2005 年三个时间点的数据检验了城市扩张和城市增长的决定因素，并使用相关数据模拟了 2020 年和 2035 年的城市增长边界，模型的模拟结果发现，城市群并没有出现无序扩张和城市增长率增加。

用分形分析法界定城市群范围主要是以大都市区或城市之间在空间上相邻近为基础，把大都市区或城市合并（Marull et al.，2015）。典型的例子就是戈特曼（Gottmann，1969）利用分形分析法界定美国东北部巨型都市区的范围，他利用分形分析法把美国东北部巨型都市区的范围界定为从新罕布什尔州南部到弗吉尼亚州北部之间一系列连续的大都市区所形成的连续的地理实体。坦纳等（Tannier et al.，2011）提出了利用两步分形方法侦测城市群内部建筑形态的多尺度变化来确定城市群的边界，并利用该方法界定了法国和比利时一些城市群的边界。结果表明，与全局密度相比较，城市群的特征展现出不同的距离临界值。用不同尺度连接起来的建筑越少，距离临界值越大；一个城市群的临界值会随其地理范围不同而发生变化。

坦纳等（Tannier et al.，2013）利用 8 分维和非分形空间指数界定了城市群的地理形态边界，描述了边界形状，并利用该方法界定了比利时城市群边界，结果表明，城市群边界形状与城市群内部建筑形态之间的关系并不明确。

利用夜间灯光数据界定城市群的范围主要是指，利用相邻城市之间夜间灯光卫星数据，识别相邻城市及其腹地灯光数据的连续性，以界定城市群范围。弗罗里达等（Florida et al.，2008）利用夜间灯光数据界定了城市群的范围。玛努尔等（Marull et al.，2015）也用夜间灯光数据界定了欧洲 12 个城市群边界的动态变化。

进入数字化时代，随着数字技术的发展，大数据、机器学习技术也可以用于城市群范围界定（Ylenia et al.，2022）。

2.3 国内研究现状

2.3.1 城市群的概念

20 世纪 80 年代，我国学者开始借鉴国外城市群的概念来研究国内的情况。宋家泰（1980）在研究"城市—区域"关系时使用"城市群"这一术语，他把由多中心城市组成的区域称为"城市群"。陆续还有其他学者提出类似的概念，但背后的含义基本一致，即由城市群体组成的巨型地域空间单元。例如，黄黎明（1989）把城市群等同为城市密集地区。随着以社会、经济、技术一体化现象为表征的区域一体化现象的出现，有学者提出"城市群体"的概念，形象地描述了各经济实体的有机结合所形成的城市有机网络（肖枫，张俊江，1990）。顾朝林等（2002）把这样的城市有机网络称为"城市群"，并延伸了其含义，认为"城市群"这个有机网络是由若干个中心城市组成的，而这些中心城市以其各自的基础设施和具有个性的经济结构为载体，发挥其特有的经济社会功能。周一星（1991）提出了"都市连绵区"的概念,他把由城市群体组成的巨大地域组织称为都市连绵区。后来又有学者提出了"城镇密集区"的概念(孙一飞,1995;刘荣增,2003),认为城镇密集区是在一定的地域空间范围内,以多个大中城市为核心,且城市之间联系密切、城市化水平较高、城镇连续性分布的密集城镇地域,是城镇区域化和区域城镇化两种过程相互作用的结果。张京祥(2000)从城镇间的空间组合关系视角提出了城镇群体的概念,把城镇群体分为广义上的城镇群体和狭义上的城镇群体,最终把城镇群体的概念总结为:一定空间范围内具有密切社会、经济、生态等联系,而呈现出群体亲和力及发展整体关系关联性的一组地域毗邻的城镇。

虽然在学界的研究过程中出现过用不同的概念来描述这一特殊的空间地域单元,但随着研究的不断深入,以及国家层面对城市群的高度重视,"城市群"的概念成为学界和官方的常用概念。不同学者对城市群概念的表述也存在异议。姚士谋等(2001)从城市地域结构、等级关系、空间联系和网络型等方面把城市群定义为一个城市集合体,这个城市集合体的特征表现为,在特定的地域范围内,以一个或两个特大或大城市作为核心城市,以一定的自然环境条件为依托,以现代化的交通工具和发达的综合运输网和信息网络为媒介,把不同性质、不同类型和等级规模的城市连接起来,加强城市个体之间的内在联系,进而由这些城市共同构成一个相对完整的城市集合体。方创琳(2009,2010,2011)认为城市群是指在特定地域范围内由相当数量的不同性质、类型和等级规模的城市所构成的相对完整的城市集合体;以 1 个特大城市为核心,由至少 3 个都市圈(区)或大中城市为基本构成单元,依托发达的交通、通信等基础设施网络,所形成的空间相对紧凑、经济联系紧密并最终实现同城化和一体化的城市群体,并突破行政区划体制束缚,实现区域性产业布局一体化、基础设施建设一体化、区域性市场建设一体化、城乡统筹与城乡建设一体化、环境保护与生态建设一体化、社会发展与社会保障体系一体化,逐步实现规划同编、产业同链、城乡统筹、交通同网、信息同享、金融同城、市场同体、科技同兴、环保同治、生态同建等"十同"的经济共同体和利益共同体。国标《城市规划基本术语标准》（GB/T 50280 – 98）中对城市群（agglomeration）的界定为"一定地域内城市分布较为密集的地区"。城市群是在产业集聚、人口集中、交通辐射、中心城市带动和区域政策激励等综合因素驱动下形成的全新经济地域单元，是工业化和城镇化发展到较高级的产物，也是都市区和都市圈发展到高级阶段的产物（方创琳，2009）。江曼琦（2013）认为城市群是城市的区域空间组合形式，这种组合形式是由城市密集区内城市所形成的多核心组团模式。马燕坤和肖金成（2020）认为，城市群是由都市圈与其周边的都市圈或城市圈实现空间耦合形成的特定区域，在该区域范围内，密集分布着数量可观的性质、类型和规模各异的城市，城市规模等级体系完善，以超大城市、特大城市或两个及以上辐射带动功能强的大城市作为核心，依托发达的交通、通信等多种现代化基础设施网络，城市间功能互补、分工协作，城市发育水平高、分布密集、联系紧密，发生和发展着广泛而又密切的经济联系，从而形成的一体化水平较高的城市集群区域。陈伟等（2021）认为城市群是 2 个以上城市体系组成的巨型城市地域，是兼具形态连续性和功能内聚力的城市系统，是全球化与本地化显著交互作用的大型经济单元，是当今时代城市与区域分工协作的一种尺度修复。

综上所述，尽管学者们对特定地域范围内出现的城市集合体的名称不一样，但是这些不同名称背后的含义一致，即：在特定地域范围内出现的，通过交通网络等基础设施，把不同等级的城市连接起来，使各城市之间的联系不断加强，且分工合理、功能互补、良性互动所形成的巨型城市群体。

2.3.2　城市群的形成

城市群的形成是由复杂的经济、社会、文化、自然以及各种因素内在规律相互作用的结果，是一种城市核心体系在一定区域集聚的城市化现象（彭翀，顾朝林，2011）。姚士谋的研究较为系统地指出，城市群的形成机制主要在于该群体的内聚力所产生的吸引集聚功能和辐射力所产生的扩散辐射功能（贝金塔，2007）。随后部分学者以粤港澳大湾区都会区、穗港澳都市连绵区、长江三角洲都市连绵带为例（徐永健等，2000；顾朝林等，2001），通过实证研究探讨了城市群的形成机制。进入 21 世纪以来，区域经济一体化程度不断提高，影响城市群形成机制的因素不断增多，对城市群形成机制的研究更多的是关注影响城市群形成机制的某一方面，如空间演化、经济一体化、产业竞争力、城镇化、政府合作等，研究方法仍以实证研究为主（叶玉瑶，2006；蒋勇等，2009；孙峰华等，2007；王发曾等，2010；臧锐等，2010）。总结已有的研究发现，学界主要从内生机制和外生机制两方面研究城市群的形成机制（赵勇，白永秀，2007）。

2.3.2.1　内生机制

城市群形成的内生机制主要包括三个方面。一是工业化和市场机制。工业化促进经济迅速发展，促使传统农业的生产方式向现代农业转变，加快市场建设与乡镇和个体企业发展，有利于推进县域非农化水平，促进城市化，为城市群形成奠定有利的经济与城镇基础（刘玉亭等，2013）。许学强和周春山（1994）借鉴加拿大学者麦吉的研究分析了粤港澳大湾区大都会区的形成，认为工业化是粤港澳大湾区大都会区形成的根本动力；香港及外来投资进一步促进了大都会区的形成，促进了粤港澳大湾区经济迅速发展和经济结构快速转变；在经济总量中，农业经济份额逐渐下降，非农经济份额逐渐增长；非农经济的快速发展提供了大量就业岗位，吸收了本地大量农村剩余劳动力和数以百万计的内地民工来粤港澳大湾区务工，使得粤港澳大湾区城市规模扩大、城市数量和城市人口迅速增加；与此同时，"城市成本"也开始上升，对企业的排斥促使企业向城市外扩散，导致大城市规模不断向外扩展，小城镇数量迅速增加，城市与农村的空间界限逐渐缩小，城市与农村二元结构逐渐消失，城市与农村融合在一起，再加上传统农业向现代农业转变，使农业与市场、加工服务业联系越来越紧密，城市与农村的联系加强。顾朝林和张敏（2000）分析长江三角洲都市连绵区形成的原因时，认为政府权力层层下放、行政区划调整、投资主体多元化是长江三角洲都市连绵区形成的动力机制，而快速的城镇化促成了长江三角洲都市连绵区最终形成。庞晶和叶裕民（2008）认为工业化和城镇化是城市群形成的宏观机制，工业化和城市化互动过程可以影响到城市群的形成，工业化是城市群形成的产业基础，城市化又为工业提供了市场规模和发展环境；在不同的工业化阶段，劳动分工不同，企业也会采取不同的生产组织方式和空间布局，产生不同的城市空间结构和城市体系。王婧和方创琳（2011）认为新型工业化为中国城市群发育带来新活力，工业化对城市群发育具有推动作用。张协奎（2012）认为随着市场化程度的不断提高，要素的跨区域、跨空间流动不断加强，需要以城市群的形式对生产要素进行整合。

二是聚集、扩散与协调机制。城市群的本质是集聚经济（骆玲，史敦友，2015）。区域中心（城市）在不同的条件下，其集聚效应和比较优势不一样，集聚效应促使区域内物质、能量、人口、资金的集聚，并通过乘数效应不断增强内聚力，使得这种效应得到强化。区域中心（城市）还会形成一种向外扩散的辐射力，这种辐射力也随着内聚力的增强而增强，从而带动周边城市和腹地的发展。在区域中心（城市）集聚和扩散的共同作用下，中心城市规模得以扩大，中心城市与周围城镇的联系得以加强，从而出现宏观城市区域向城市群阶段过渡，中心城市向都市区过渡的特征（宁越敏等，1998）。张京祥等（2001）认为城市群的形成是中心城市与周边地区双向流动的结果，这种双向流动表现为各种要素和经济活动在空间上集聚和扩散。苏雪串（2004）认为城市群的形成是集聚机制作用的结果，大城市发展初期，资源向大城市集聚可以获得比较优势和利益，随着城市的成长和规模的扩大，城市土地和劳动力价格上升，大城市原有比较优势丧失，集聚利益区位发生变化，开始向城市外围扩散，向周边城市转移，形成新的集聚中心，扩散成为城市发展的主要力量；在扩散过程中，区域内各层级城市之间的经济联系密切，城市之间协调发展，区域内城市体系功能更加完整。乔彬和李国平（2006）运用新经济地理框架，从产业机理的角度研究了城市群的形成，认为城市群形成的本质是集聚经济，而集聚经济的本质又是产业发展；产业集聚是城市群形成和发展的基础，中心城市和周边地区两类异质空间之间的集聚和扩散力量协同作用共同促使集聚经济推动城市群空间形态不断发展和演进，集聚经济向城市集聚经济、城市集聚不经济转变的产业机理形成城市群。庞晶和叶裕民（2008）认为集聚与扩散是城市群的微观动力机制，当经济集聚到一定规模时开始出现负的外部性，推动产业和生产要素向外扩散和转移，开始出现由单点集聚向多点集聚的城市空间结构，由单体扩张向群体演进。邬丽萍等（2010）提出一个包含空间集聚、产业集聚和全球生产网络区域空间镶嵌的价值区段集聚及其等级扩散与联系的城市群形成与发展的集聚经济三维研究框架，并基于集聚经济的三维框架分析了城市群的形成。卢伟（2014）认为在城市群的形成和发展过程中，集聚和扩散扮演着重要的角色。

三是分工与专业化。分工与专业化构成了城市群形成的产业基础（庞晶，叶裕民，2008），产业上的适当分工实现城市之间的优势互补，促进城市群一体化发展（徐康宁等，2005）。张学良和李培鑫（2014）认为在城市群的形成过程中，出现要素集聚和扩散过程，同时伴随着城市产业和职能的分工、产业链延伸、产业内以及产品内分工的深化，产业将突破单一的城市空间范围，在城市群空间重新配置，产业分工进一步完善，区域内将形成完整的城市体系和产业体系，城市群各城市之间形成统一的市场。骆玲和史敦友（2015）认为城市群是区域内城市化发展到一定阶段所形成的产业高度集聚、城市间产业分工明确、专业化与多样性交替发挥主导作用的城市产业空间聚合体。

2.3.2.2　外生机制

对城市群形成外生机制的研究则主要从以下三个方面来进行。一是全球化和跨国公司的作用机制。当今世界经济发展的两大特征是经济全球化和跨国公司的迅速崛起，经济全球化和跨国公司的迅速崛起也深刻改变着世界城市体系格局，成为城市群形成的重要背景因素。袁瑞娟和宁越敏（1999）认为，跨国公司是全球化的主要动力机制，并且影响发展中国家的城市发展；生产要素的跨空间流动把城市联系起来，组成城市网络，各城市分工与协作明显；对发展中国家城市来说，跨国公司外商直接投资增加，提供了大量就业机会，吸引了大量人口，城市首位度增加，随着人口进一步集中，城市开始出现集聚不经济，一部分经济活动开始向外围地区基础设施较好且与核心城市联系紧密的城市扩散，这种向外扩散的经济活动形成了都市区和都市连绵区。熊世伟（1999）认为，经济全球化和跨国公司的双重互动机制是导致世界城市空间格局发生变化的主要原因之一。王婧和方创琳（2011）认为，经济全球化驱动中国城市群与国际接轨，经济全球化带来全球产业链的产业转移和技术转移，作为一种空间载体，城市群主要承接产业转移和技术转移，以及国际产业转移和技术转移，城市群的发育程度也与其承接产业转移和技术转移的规模正相关。

二是体制和政策机制。在我国，产业政策、户籍政策和土地政策等体制和政策对城市群的形成与发展作用最明显，这三大政策对城市规模的扩大和新城镇的形成至关重要，并制约着非农化与城市化过程（徐永健等，2000；刘荣增，2003）。徐永健等（2000）从历史和现代两个角度分析了中国典型大都会区和都市连绵区的形成机制，认为我国的政策制度中，对城市规模的扩大和新型城镇化的形成至关重要的是产业政策，户籍政策的松动推动了小城市的发展，土地政策左右了城市地域的扩张。苏雪串（2004）认为，促进城市群的形成和发育需要建立和培育一整套包括产业协调机制、区域协调机制、形成区域内核心辐射源、形成区域内合理的城市等级结构、分工合作机制等在内的机制和条件。方创琳和张舰（2011）针对中国城市群形成发育过程中出现的新特点和新问题，从权力、财力、法力和能力四方面构建了城市群可持续发展的组织协调保障机制、公共财政保障机制、法律法规保障机制和资源环境保障机制等四大保障机制，提出了加快城市群健康发展的若干对策措施。王磊等（2013）认为，中国城市群发育的政府主导性色彩强烈，财政政策的激励、城市住房和土地利用制度的推动，促进了我国城市形体和经济规模的迅速增长，为城市群的建构奠定了空间和产业基础；另外，中国政府越来越注重城市群发育，一系列具有针对性的城市群发育新政策相继出台，分阶段、分步骤地指导不同城市群的发展。

三是历史区位和地理环境机制。历史基础以及良好的地区条件是城市群形成的基础条件，也决定了城市群可能的扩展方式和格局。闫小培等（1997）分析了穗港澳都市区和都市连绵区的形成机制，认为有利的国际环境、良好的地区条件等因素成为穗港澳都市连绵区形成的主要因素。薛东前等（2000）在分析关中城市群的功能联系与结构优化时指出，关中城市群结构特征形成的原因主要包括历史基础、自然条件和交通状况等原因。刘静玉等（2004）认为企业区位选择行为是驱动城市群形成的一个重要原因之一，大批企业向某一区域集聚，促使该区域经济快速发展，城市化速度加快，大批城镇在这一区域形成、发展、集聚，最终导致城市群形成，粤港澳大湾区城市群的形成便是典型的案例。徐康宁等（2005）认为经济地理等因素是长三角城市群形成的重要因素，长三角良好的地理条件、深厚的历史和文化背景对长三角城市群的形成和发展非常有利。马燕坤和肖金成（2020）认为城市群由都市圈与其周边的都市圈或城市圈实现空间耦合形成；一个城市通过辐射带动周边区域发展形成城市圈，而城市圈通过辐射带动并不断向外扩展空间范围，在地理、区位、交通等条件较好的地区会形成都市圈，而都市圈与都市圈之间的空间耦合，便形成了城市群。

2.3.3 城市群空间范围的识别与界定

从国内的研究来看，主要是利用引力模型、分形分析法和地理学等方法对城市群范围进行界定。

33

（1）利用万有引力确定城市群范围。利用引力模型对城市群范围进行界定主要是以物理学中的万有引力公式为基础，运用 GDP、人口和城市之间的空间距离计算城市之间的经济联系强度和经济隶属度，以确定城市群的范围。陈群元和宋玉祥（2010）以城市综合实力代替城市人口或城市经济总量，结合主成分分析法，对传统的引力模型进行改进，基于引力模型和要素流分析法对长株潭城市群的空间范围进行了界定。王丽等（2013）以市场潜力模型和引力模型为基础，运用区域作用组合模型，得出城市群的识别体系；通过模型与实证相结合，更加高效和精确地识别城市群。欧向军（2014）运用城市中心度、引力模型、断裂点公式等相关方法，从中心城市、中心城市相互联系和吸引辐射腹地 3 个方面，划分淮海城市群的理论空间范围，并结合淮海核心区一体化建设实践和地域邻近实际情况，综合界定出淮海城市群合理的空间范围。王彬（2014）以选出的 35 个潜在核心城市为原点，考察不同引力半径下的城市平均吸引力，并根据引力半径标准进行城市群划分，将中国划分为 17 个城市群，并最终界定城市群的空间引力边界的最终结果。费琪雯（2015）利用引力模型和断裂点模型两种定量方法界定了哈长城市群范围。潘竟虎等（2017）以不打破行政界线为前提，利用 Huff 模型，基于矢量数据，采用最短交通路网距离和城市综合规模值来综合测算腹地与中心城市之间的势能，对全国地级及以上城市的影响腹地范围进行界定，以全国发育较成熟的 15 个城市群为对象，综合测定城市群的影响范围。王亮等（2019）在综合引力模型等经典研究方法的基础上，构建了城市群一体化动态耦合关系模型，并以"耦合距离"为媒介测度了长江中游城市群一体化区域规模与空间范围。

（2）利用分形理论界定城市群范围。分形理论确定城市群范围主要是指使用该方法确定城市群空间结构的分形几何特征，还需要借助引力模型来确定城市之间的经济联系强度和经济隶属度。相对于引力模型，分形理论在确定城市群地理空间边界方面更具有准确性。赵璟和党兴华（2012）利用分形维数将城市群空间结构特征与城市群整体收益损耗联系起来，建立包含投入、产出和人口规模等多因素空间分布分形特征的城市群最优空间结构模型，明确城市群最优空间结构的经济内涵。朱士鹏和张志英（2015）利用经济距离模型对黔中城市群范围进行界定，在此基础上，借助分形模型及城市空间相互作用强度模型对黔中城市群空间结构进行测度。

（3）借鉴地理学方法对城市群范围进行界定。用地理学的手段界定城市群范围主要是利用地理基础相关数据，借鉴计算机手段来确定城市群的空间范围。张倩等（2011）用基础地理数据、DEM 数据、空间化的经济社会格网数据，应用 AML 编程技术对中国的城市群进行了识别，研究明确了2000 年中国 9 大城市群的空间位置及其覆盖区域。潘竟虎和刘伟圣（2014）以地理信息技术为支撑，采用主成分分析法计算城市结节性指数，利用累积耗费距离法和 k 阶数据场，综合测度了中国 287 个地级以上城市的可达性与空间场能，划分了地级以上城市的腹地，依据城市腹地范围界定了城市群范围。谷景祎等（2014）选取 20 项能反映城市影响范围的相关指标，通过主成分分析及数据变换，确定了京津冀三地 14 个地市的中心性强度，并有效结合断裂点理论与加权方法，界定并生成了该地区各地市的影响范围，同时改进现有的确定区域中心城市和划分城市经济影响区的方法，在分析基于断裂点理论的加权 Voronoi 图网格包含与邻接关系的基础上，将京津冀地区划分为 3 个城市群，确定了 3 个一级中心城市、2 个二级中心城市。葛莹等（2015）基于空间点模式分析的 Ripley's K 函数，结合微观经济学的边际分析法，通过集聚度和边际集聚两个指标，从多尺度估算城市的集聚度和边际集聚，以城市的边际集聚极值点时的城市区域布局模式为最优，据此划分了长江三角洲地区城市群的经济空间范围。何丹等（2018）运用区域认知地图探究了大学生对长江中游城市群空间范围的界定。周亮等（2019）采用 NPP/VIIRS 夜间灯光影像与 POI 数据，基于密度的曲线阈值法与分形网络演化算法，对京津冀、长三角和粤港澳大湾区 3 个城市群的实际物理边界和集聚空间范围进行精准识别与空间特征解析。梁泽等（2020）基于夜间灯光遥感影像、电子地图兴趣点和社会经济统计数据等，以经济地理学中的"点-轴"理论为基础，以"点-轴集聚区"的识别为核心，利用迭代自组织聚类、聚合分析、指标阈值筛选等方法，识别14个城市群空间范围。李佳（2020）以1995~2015年夜间灯光数据为基础，识别了中国城市群空间范围。

（4）利用其他定性、定量分析方法界定城市群的空间范围。定性方法主要是通过总结国内外城市群发展的经验和规律，定性分析城市群在发展过程中一些主要社会经济指标所表现出的共性特征，进而确定指标的取值范围，再通过指标的取值范围来确定城市群的范围。代合治（1998）从城市化的角度，利用地区面积和总人口等指标，界定了17个不同规模的城市群，分析了我国城市群的分布现状和发展趋势。方创琳（2009，2011）在对国内外城市群进行比较和分析的基础上，给出了城市群基本内涵的界定标准，并提出了我国城市群空间范围识别的10大基本判断标准，以及城市数量（≥3个）、100万人口以上的特大城市数量（≥1个）、人口规模（≥2000万人）、城市化水平（≥50%）、人均GDP（≥3000美元）、非农产业产值比率（≥70%）、核心城市GDP中心度（≥45%）、经济密度（≥500万元/平方千米）、经济外向度（≥30%）共9项具体指标综合判断中国正在发育的城市群，按照2/3以上指标达到发育标准的基本原则进行判定。李凯等（2015）运用2000年和2010年的人口普查数据和相关统计数据，并借鉴周一星提出的都市区界定方法，动态识别了长三角城市群、成渝城市群和武汉城市群三大城市群空间范围。孙伟等（2018）在改进传统引力模型、交通可达性、金融联系网络等定量分析方法的基础上，结合主体功能区、语言-文化地理和国家战略等定性方法，集成构建城市群空间范围界定综合方法，界定了长江三角洲城市群的组成范围。陈伟（2020）在综合集成自然地表要素和陆地交通网络的基础上，构建更为逼近真实场景的可达性分析方法，精确刻画了中国城市空间可达性宏观格局，界定了长三角、粤港澳大湾区、京津冀、成渝等15个城市群空间范围。

2.4　对现有研究的简评

从国内外已有的研究成果来看，关于城市群的研究主要表现出以下特点：首先，并没有形成统一的概念。国外学者主要是用"巨型区域"来描述城市集合体；国内学者主要有"城市连绵区""城镇密集区"等概念。其次，关于城市群形成的原因也没有统一。国外研究认为主要是集聚与扩散效应、经济全球化、内生增长等原因；国内研究认为有工业化和市场化机制，集聚、扩散与协调机制，经济全球化，机制和政策机制等原因。最后，关于城市群的识别与界定方法也需要进一步完善。分形方法和引力模型的局限性比较明显，因为都市区或城市之间并不是存在必然的交流互动或比较高的经济联系，边缘城市经济增长也不一定必然隶属于中心城市。基于夜间灯光数据和 POI 数据界定城市群范围也需要进一步完善，例如夜间灯光数据仅仅考虑了有限范围的灯光密度，黑暗区域的农业活动并没有考虑在内。地理学方法和定性分析也存在需要进一步完善之处。地理学方法并没有考虑都市区或城市之间的经济联系，其方法缺乏经济理论基础的分析；定性分析法还需要对指标的选取和指标值的确定进一步阐述其原因。

第3章 城市群范围界定的
理论分析框架

本书对城市群范围界定的理论分析框架主要从三个方面构建，即引力模型、生态环境共治和区域发展战略。与此同时，对城市群范围界定中用到的引力模型，本书还从经济学理论的角度分析城市之间的联系机制，从而为引力模型提供理论基础。

3.1 城市群的概念及特征

3.1.1 城市群的概念

根据前文对已有研究的总结，可以看到，与城市群相关的概念比较多，例如都市圈、都市连绵区等。这些概念与城市群既存在共性也存在一定的区别①，它们之间的关系按照时空演进主要表现为：都市圈—城市群—都市连绵区（方创琳，宋吉涛，蔺雪芹，2010），实际上，城市群是区域一体化过程在城市空间形态上的表现（赵勇，2009），是社会经济及城市发展到一

---

① 李廉水，Stough. 都市圈发展：理论演化·国际经验·中国特色 [M]. 北京：科学出版社，2006：14 – 19.

定历史阶段的产物（方创琳，宋吉涛，蔺雪芹，2010）。综合已有的研究成果，城市群是指在一定区域范围内，一定数量的不同类型、性质、规模和等级的城市聚集在一起，在这些城市中，以其中一个或两个超大或特大城市为中心，其他城市为节点，向周围城市产生辐射扩散影响，并通过区域内一定的自然环境、现代化的交通条件、合理的产业分工与协作以及高度发达的信息网络，不断增强区域内城市之间的联系，最终共同构成一个相对完整的、高度一体化的城市集合体。

3.1.2　城市群的特征

根据城市群的概念，可以得出城市群的一些基本特征。

首先，城市群内部城市规模呈现一定的分布特征。城市群是指在一定的地域空间范围内的城市空间集合体，该集合体以一个或两个特大或大城市为核心；在这个空间集合体当中，存在数量相当多的不同性质、不同类型和等级规模的城市（吴启焰，1999；马燕坤，肖金成，2020）。各城市发展水平不同，且空间规模不同，各城市的经济规模以及人口集聚规模都不同。随着经济发展水平的提高，多种因素共同作用下城市之间要素流动加强，各城市相关指标呈现一定的统计规模，即规模分布特征。这种规模分布特征按照城市各指标的位序呈现一定的层次性，例如人口规模和经济规模按照城市位序呈现出一定统计规律的层次特征。而且，城市群内可能存在多个城市规模等级体系，且等级结构比较合理（马燕坤，肖金成，2020）。

其次，城市群内部城市之间呈现紧密的空间联系。城市群是城市化发展的高级阶段，区域一体化程度高。随着工业化和城镇化快速推进，城市空间规模不断扩展，城市之间的交通基础设施完善，中心城市对外围的影响力不断扩大，城市之间的联系不断加强（方创琳，宋吉涛，蔺雪芹，2010）。交通等一系列基础设施的完善，不但促使城市的区位发生变化，而且促使企业的区位选择发生变化，企业的研发销售等难以规模化生产的部门将集聚于多样化特征的大都市，而加工制造业等可以规模化生产的部门集聚于专业化的城市，这就形成了中心城市与外围城市之间的联系。另外，企业各环节布局于不同城市也将导致产业在不同城市之间形成分工，从而要素在各城市之间流动，产业集聚扩散速度不断加快且突破城市行政边界的约束，促使城市规模和边界向外扩张，城市之间的社会与经济联系更加紧密，城市之间的市场逐渐出现融合并最终实现市场一体化，城市之间的边界也逐渐模糊，形成网络城市，最终实现跨越行政区划的基于市场一体化的城市区域。

最后，城市群内部城市之间存在产业功能互补特征。与城市区域不同，城市群作为有机的城市体系，在区域和市场一体化的基础上，企业依据城市比较优势和生产环节的特点，把不同生产环节布局于不同城市，形成了城市之间产业分工与合作的局面，促进了城市之间的产业分工深化与专业化的发展。随着城市之间联系日益密切，城市之间产业分工与合作不断深化，产业在城市之间的空间演化与重组也不断深化，各城市分别形成了不同的具有互补性质的城市主导产业，中心城市以生产性服务业为主，外围城市以加工制造业为主，产业功能互补特征更加明显。最终，一定区域内具有互补性产业功能的城市组合构成了城市群的整体功能，从而实现了整个城市群的功能一体化。

3.2 城市群中心城市的确定

3.2.1 中心城市特征

从城市群的概念中可以看出，在一个城市群范围内，存在一个或一个以上的中心城市，因此，确定城市群的范围之前，首先要确定中心城市。中心城市通常需要具备以下特征：

首先，中心城市在城市群中的地位很重要。中心城市在城市群区域中的这种重要性是中心城市在城市群区域中心地位的综合表现，不是一两个具体指标所能表现的。克里斯塔勒（2016）认为城市面积和人口并不能很精确地衡量城市的重要性。中心城市的重要性并不能用一个数值来衡量，更不能用总人口来衡量，也不是加权的人口总和可以衡量的。中心城市的重要性完全不是多个单一经济效果简单相加得到的总和，而是经济活动综合作用的结果。可见，中心城市在城市群中的重要性是一种抽象的重要性，这种抽象的重要性体现了中心城市在城市群区域中的中心性。

中心城市的地位很重要是因为中心城市不但要满足中心城市本身的发展，还要带动城市群区域内其他城市的发展。克里斯塔勒（2016）把整个中心城市在城市群中所表现出来的重要性称为集合重要性，也称为绝对重要性。中心城市的重要性在满足其发展的同时，还要在一定程度上满足其他城市的发展，而且其他城市的发展不能脱离中心城市所提供的重要性。克里斯塔勒（2016）把中心城市满足其他城市发展的重要性称为相对重要性，并且这种相对重要性体现了中心城市在城市群区域中的中心地位作用。因此，中心城市的重要性不但表现在自身的发展，而且在整个城市群中也表现出其重要性，其他城市的发展不能脱离中心城市提供的重要性。

其次，中心城市为城市群提供中心商品和服务。由前文可知，中心城市在城市群区域中的地位很重要，这主要是因为中心城市能够为整个城市群提供某种意义上的中心商品和服务。为了简便起见，把中心城市提供的中心商品和服务统一称为中心城市的产品供给，因为商品和服务在一定意义上也可以称为产品。中心城市所供给的中心产品是城市群区域中其他城市不具有的，而且中心产品是抽象的产品，也正是因为如此，中心城市才表现出其在城市群区域中的重要性和中心性。

最后，中心产品可以加强中心城市与其他城市之间的联系。如果把城市群区域中的中心城市和其他城市当作消费者，他们需要消费中心城市供给的产品，通过对中心产品的消费满足其效用。中心产品的生产可以集中在中心城市生产，也可以把分散在其他城市生产的半成品或原材料集中在中心城市进行深加工。中心商品生产之后的消费过程既可以是分散消费，也可以是集中消费。分散消费就是中心产品除了供给中心城市本身消费外，还分散供给到城市群的其他城市；集中消费就是中心产品固定在中心城市，只能在中心城市进行消费。可见，中心产品的生产过程中可以加强中心城市与其他城市之间的联系；此外，由于中心产品是中心城市生产的，因此，无论是分散化消费中心产品，还是集中生产中心产品，都可以加强中心城市与其他城市之间的联系。

3.2.2　中心城市的确定

由前面的阐述可知，中心城市在城市群中的地位很重要，而且能够供给体现其中心性和重要性的中心产品。那么，究竟怎样才能确定中心城市，从而体现中心城市的中心性和重要性呢？如果为一个城市社会经济发展的各方面事实予以总结，并找出其独特优势，便可以确定中心城市。本书认为可以从以下几个方面着手，确定中心城市。

第一是城市规模。作为中心城市，必须具有一定的规模。已有研究中，在确定中心城市群规模时，主要考虑指标为人口规模、经济总量以及城市的功能，城市的功能主要涉及行政功能，例如直辖市、省会城市、副省级城市等（黄征学，2014）。人口规模和经济总量可以作为衡量中心城市规模的重要指标。中心城市发展水平高于非中心城市。中心城市优于非中心城市的发展条件和发展基础导致产业集聚于中心城市，带来人口与资本等生产要素都集聚于中心城市，中心城市人口规模大于非中心城市。中心城市承载的功能也能体现中心城市的规模。中心城市的人口规模、经济总量以及承载的功能需要一定的地理空间范围，因此，城市空间规模也可以被认为是衡量中心城市规模的重要指标。

中心城市的各种功能在满足中心城市自身发展的同时，还要供给非中心城市。中心城市的产业集聚在吸收中心城市自身就业人口的同时，还会吸纳其他外来人口，这也算是中心城市中心商品的供给。中心城市的行政功能并不仅仅是服务于中心城市，还要服务于非中心城市。

第二是经济发展。经济发展是基础，城市群中心城市的经济发展对整个城市群的经济发展具有举足轻重的作用，对城市群经济发展的贡献度很高，中心城市在城市群经济发展中的地位非常重要。因此，中心城市能够通过自身的经济发展带动城市群其他城市发展，进而带动整个城市群经济发展。中心城市是整个城市群经济发展的增长极，通过自身经济发展对城市群中其他城市经济发展产生正向的溢出效应，这种正向的溢出效应即为经济发展的辐射作用，进而带动整个城市群发展，体现出中心城市在城市群中的经济中心性。

毋庸置疑，中心城市在整个城市群经济发展中表现出来的增长极地位，以及对其他城市经济发展的辐射作用是中心城市所独有的。可以把中心城市在城市群经济发展中所表现出来的这两种特征看作是中心城市供给的"中心产品"。经济发展表现为经济增长和国民生活质量，以及整个社会经济结构和制度结构的总体进步。中心城市在经济发展过程中供给的"中心产品"可以进一步加强中心城市与周边城市的联系。中心城市经济发展在城市群区域中的辐射范围基本上可以认为是城市群的范围。

第三是社会发展。对中心城市而言，不但其经济发展在整个城市群中的地位很重要，而且其社会领域的发展在整个城市群中的地位也很重要，其重要性也是举足轻重的。这种重要性主要通过中心城市供给的中心产品来体现。中心城市社会发展中供给的中心产品体现出中心城市在整个城市群发展中的重要性和中心地位。一般情况下，中心城市社会发展供给的中心产品包括公共服务、文化教育以及卫生医疗等方面。需要指出的是，并非仅仅是中心城市供给此类产品，非中心城市也会供给这类产品，然而中心城市供给的和非中心城市所供给的有所差别，中心城市供给的高等教育、行政职能以及更好的卫生医疗条件可能是非中心城市不具有的。

　　与此同时，中心城市在社会发展过程中供给的产品可以加强中心城市与非中心城市之间的联系。这种联系主要是人流方面的联系，主要体现了中心城市在城市群中的社会服务的中心性（隆国强，1988）。中心城市社会服务的中心性除了满足自身的需要外，还能为城市群内部其他城市提供服务。在公共服务方面，中心城市一般是城市群区域的交通运输中心，既能服务中心城市本身，也能满足其他城市出行中转；此外，中心城市的卫生医疗服务可以提供其他城市不具有的医疗水平和服务能力；还有，高等教育一般在中心城市布局较多。

　　第四是科技创新。中心城市还是整个城市群的创新中心。中心城市借鉴其经济发展中心和社会服务功能中心的地位，成为城市群的重要集聚地。中心城市既是产业集聚地，也是人口集聚中心，还是科技创新中心。产业集聚理论认为产业集聚能带来规模经济，企业生产出现规模收益递增，进而企业扩大生产规模，产业规模也进一步扩大，从而引起知识量的增加。此外，中心城市集聚的高等院校和科研中心，以及企业的总部和研发中心，都能强化中心城市在整个城市群的科技创新中心地位，这也体现了中心城市的重要性。

　　中心城市作为科技创新中心通过供给科技创新的中心产品与其他城市进行联系。首先，中心城市供给的科技创新产品是中心所独有的，除了满足自身需要外，还可以供给城市群的其他城市。作为科技创新中心的中心城市，其供给的科技创新方面的中心产品主要涉及新的思想和新的发明等方面。即使存在障碍，新的思想和新的发明也可以传播到城市群的其他城市，从而形成中心城市与其他城市之间的交流与联系。由于企业的总部坐落于中心城市，分公司布局在其他城市，企业总部一般先获得新的思想或者发明，进而将新的思想和新的发明传到分公司，这种从总部到分公司的新思想和新发明的交流也促进了中心城市和非中心城市之间的联系与交流。但受"距离衰减"规律的限制，传播的范围有限。

3.3 基于空间引力模型的城市联系

前面我们从理论上阐述了如何确定中心城市，接下来要从理论上阐述城市之间的联系机理。阐述城市之间的联系机理主要从经济学的角度切入。

传统的经济引力模型思想来源于牛顿的万有引力理论。有学者把万有引力定律的思想运用到研究城市之间的联系，认为"城市之间的经济联系也存在着相互吸引的规律性"（张晓云，2012）。关于城市之间联系的引力模型如式（3-1）所示：

$$F_{ij} = k \frac{G_i^\alpha G_j^\beta}{R_{ij}^\theta} \tag{3-1}$$

其中：F_{ij} 表示城市 i 和城市 j 之间的联系强度，或者城市 i 和城市 j 之间的要素流；k 是一个比例常数；G_i 和 G_j 分别表示城市 i 和城市 j 经济发展的某个变量，一般用地区生产总值或总人口数来表示；R_{ij} 表示城市 i 和城市 j 之间的空间直线距离；α，β，θ 分别表示城市 i 和城市 j 之间的联系对变量 G_i 和 G_j 以及距离项 R_{ij} 的弹性系数。

式（3-1）是最基本的引力方程表达式，被理论界广泛地用于界定城市群空间边界范围，显示其强大的有效性。而且，在应用中也显示出其一定的优点。首先是引力方程所涉及的变量数据易于获得和处理；其次是为了研究的需要可以替换或增加其他变量；最后是已有的研究所形成的各种处理数据的方法为后续研究奠定了良好的基础。然而，即使传统的引力模型在已有的研究中取得了一定的成功经验，但并没有引起主流经济学的重视（郝景芳，2012）。在界定城市群空间范围的大量实证文献中，运用引力方程取得了相对较好的效果，但是它们没有考虑引力方程的经济学理论基础，这是绝大多数研究者所忽略的，也是传统引力方程的不足之处。

3.3.1　城市之间联系的机理

衡量城市之间空间具体联系强度的指标主要包括城市之间的人口流动、物流和资金流动，比较常用的指标是城市之间的人口流动。实际上，人口流动也能体现城市之间的联系。已有研究中，主要使用人流量来衡量城市之间的联系（孙胤社，1992；王维等，2006；王珺，2014），因为城市之间人流量是一种综合内涵的联系方式，是城市之间其他联系产生的主宰者（孙胤社，1992），而且，城市之间人流量数据的获取相对于其他流量数据的获取较容易（王珺，2014）。本书假设人口流动主要为就业人口的流动。

首先，城市之间的人口流动是劳动力市场中一个重要的空间均衡机制。城市之间的人口流动还可以降低区域劳动力市场出现不一致的失业率和工资。劳动力在城市之间流动存在阻力，这种阻力可以用成本来衡量。劳动力在城市之间流动最明显的成本就是因城市之间存在的空间距离带来的成本，例如交通费用的支出以及在路上所带来的机会成本。此外，劳动力在不同城市之间流动还会存在一些较少但确实存在的成本，例如信息不对称或文化习俗差异，这也可以解释基于纯粹的经济因素和地理要素之间的预期劳动力流动与实际观察到的劳动力流动之间存在的差异。

其次，劳动力不能跨地区流动意味着劳动力空间配置的无效率。在一个城市群内部，如果消除城市之间劳动力流动的障碍，就可以提升城市群内部劳动力配置效率，提高城市群整体福利水平。早在 19 世纪就有文献利用引力方程来研究人口流动，拉文斯坦（Ravenstein，1889）利用引力方程研究了 19 世纪英国的劳动力流动。安德森和温科普（Anderson & Wincoop，2003）构建了一个劳动力流动的引力方程来分析劳动力空间流动。本书将以安德森和温科普（Anderson & Wincoop，2003）的模型为基础，构建有经济学理论基础的引力方程，以分析城市群内部城市之间的人口流动。本书构建的引力模型提供了一个分析人口跨城市流动的分析框架，从而有利于分析城市之间的联系。

假设 w_i 表示城市 i 的工资水平。劳动力 h 从出发地 j 迁移到目的地 i 面临着迁移成本，假设存在的冰山成本因子为 $\gamma_{ji} > 1$，那么劳动力获得的净工资水平为 w_i / γ_{ji}。假设劳动力 h 在迁移过程中获得的异质性效用为 μ_{jih}，这对劳动力来说属于私人隐私信息。如果至少存在某一个城市使得 $(w_i / \gamma_{ji}) \times \mu_{jih} \geqslant w_j$，那么劳动力将选择迁移。在所有可选择迁移的目的地当中，劳动力选择迁移到能给自己带来最大盈余的目的地城市。假设劳动力迁移获得的效用为对数效用，可以得出劳动力从城市 j 迁移到城市 i 获得的效用组合为 $\mu_{ji} = \ln w_i - \ln \gamma_{ji} - \ln w_j$。关于这种劳动力迁移的效用组合形式，麦克法登（McFadden，1973）证明得出，如果 $\ln \mu$ 有一种类型的极值分布，那么随机地描述个人将会选择任何特殊迁移目的地的概率由多项式 logit 表示。

基于上述理由，接下来的劳动力迁移模型将使用多项式 logit 模型来分析。贝恩等（Beine et al.，2009）和格罗格等（Grogger et al.，2011）做了这方面的研究。本书将充分利用市场出清条件推导城市之间的阻力变量，以构建一个新的分析劳动力迁移的引力模型。假设 N_j 表示城市 j 的总人口，在总体水平上，迁移概率等于来自城市 j 的迁移劳动力比例。预期从城市 j 迁移到城市 i 的劳动力数量可由式（3-2）表示：

$$M_{ij} = G(\mu_{ji}) N_j \qquad (3-2)$$

式中，$G(\mu_{ji}) = \dfrac{\exp(\mu_{ji})}{\sum\limits_{k} \exp(\mu_{jk})}$。

由于迁移效应为对数效用，所以迁移方程可以表示为：

$$M_{ji} = \frac{w_i / \gamma_{ji}}{\sum\limits_{k} w^k / \gamma_{jk}} N_j \qquad (3-3)$$

利用劳动力市场均衡方程解决和替代均衡的城市工资水平 w，将式（3-3）和劳动力迁移模型的结构引力方程形式联系起来。

假设 $W_j \equiv \sum_k w^k / \gamma_{jk}$，并且城市 i 的劳动力供给来源于所有的原始出发地，则有：

$$L_i \equiv \sum_j M_{ji} \qquad (3-4)$$

与此同时，假设全部劳动力供给 $N \equiv \sum_j N^j = \sum_i L^i$，则劳动力市场出清情况下的表达式为：

$$L_i = w_i \sum_j \frac{1/\gamma_{ji}}{W_j} \times N_j \qquad (3-5)$$

其中，$w_i = \frac{L_i}{\Omega_i N}$，$\Omega_i = \sum_j \frac{1/\gamma_{ji}}{W_j} \frac{N_j}{N}$。从而可以得出：

$$W_j = \sum_k \frac{1/\gamma_{jk}}{\Omega_k} \times \frac{L_k}{N} \qquad (3-6)$$

把 $w_i = \frac{L_i}{\Omega_i N}$ 代入式（3-3）可以得到劳动力迁移的结构引力方程：

$$M_{ji} = \frac{L_i N_j}{N} \times \frac{1/\gamma_{ji}}{\Omega_i W_j} \qquad (3-7)$$

在引力方程（3-7）中，$L_i N_j / N$ 表示在没有任何阻力的情况下的劳动力迁移，其含义是，当一个劳动力迁移到无阻碍的区域中，会发现来源于城市 j 的人口等比于其在整个区域的人口份额：$M_{ji} / L_i = N_j / N$。$\frac{1/\gamma_{ji}}{\Omega_i W_j}$ 表示存在阻力情况下的劳动力迁移。城市之间劳动力迁移存在阻碍 γ_{ji} 将会减少城市之间劳动力迁移数量，通过除以加权劳动力迁移障碍的加权平均值的导数，得到两个值：一个值是在区域内部迁移，即从原始出发地迁移到目的城市 i；一个值是向区域外迁移，即从城市 j 迁移到其他目的地。对描述劳动力迁移阻碍值的解释和它们与劳动力迁移障碍的联系通过如下情况就可以容易明白，即：把效用一般化为固定相对风险规避函数的对数形式。

假设相对风险厌恶系数为 θ，式（3-7）可以表示为：

$$M_{ji} = \frac{L_i N_j}{N} \left(\frac{\gamma_{ji}}{\bar{\Omega}_i \ \bar{W}_j} \right)^{1-\theta} \qquad (3-8)$$

在式（3-8）中，$\bar{\Omega}_i \equiv \left[\sum \frac{(\gamma_{ji})^{1-\theta}}{\bar{W}_j} \frac{N_j}{N} \right]^{1/(1-\theta)}$ 表示劳动力在区域内部

迁移的障碍的 CES 价格指数，$\bar{W}_j \equiv \left[\sum \frac{(\gamma_{ji})^{1-\theta}}{\bar{\Omega}_i} \frac{L_i}{N} \right]^{1/(1-\theta)}$ 表示劳动力向区域

外迁移的障碍的 CES 价格指数。式（3-6）和式（3-7）表示 $\theta = 2$ 时的特殊情况。

上述的处理方法应用到静态均衡中。在这个静态均衡中，给定初始劳动力存量 N_j 和劳动力迁移障碍 γ，L 的值是调整每个区位劳动力供给在每一期达到均衡后的 M 值的结果。如果观察到的结果被认为达到了每一期的静态均衡，那么观察到的劳动力迁移数量刚好是需要达到每一期均衡所需要的数量。这个模型与关于未来工资的真实预期一致，或者与单一的外来工人模型一致，在外来工人模型中，劳动力迁移仅仅由同期变量决定。因此，在这种解释条件下，前述引力模型可以应用到每一期。

在研究城市群内部城市之间的联系时，主要涉及城市群内部城市之间的劳动人口流动，劳动人口在城市之间流动的第一个主要因素是基于成本与收益的考虑，成本因素是阻碍劳动人口迁移的因素，收益因素是促进劳动人口迁移的因素。正如在结构引力模型中所提到的，两个城市之间的引力值涉及两部分，一部分是无阻碍的劳动力迁移，另一部分是有阻碍的劳动力迁移。无阻碍的劳动力迁移值是迁出城市劳动人口数量占整个城市群人口数量的比重。一个地区如果这一比重较高，则表明该地区劳动力的就业难度相对较大（刘晏伶，冯健，2014），这样，劳动年龄人口越多的地区，向外迁移的人口就越多。此外，人口迁移的发生主要来源于两种力量，一种是迁出地区的"推力"，另一种是迁入地区的"拉力"。迁出地的"推

力"主要为迁出地区的社会经济环境，如人均 GDP 水平、就业率、城镇化率和开放度水平等的社会经济发展指标都相对较低，社会经济环境差（刘生龙，2014），以及城镇居民收入水平低（刘晏伶，冯健，2014）等因素；反之，迁入地区的这些指标由于表现相对较好，成为吸引迁出地劳动力迁移的"拉力"（刘生龙，2014）。这些"推力"或"拉力"因素是一个地区社会经济发展的综合表现，因此，社会经济发展相对较好的地区将会成为劳动力迁入地。例如，从当前国内的劳动力流动情况来看，劳动力人口迁入率较高的省份主要集中在东部沿海及西部的部分地区，东部沿海由于社会经济发展水平高、就业机会多等原因成为全国流动人口的首要目的地，而中西部地区成为劳动力人口迁出较高的省份（刘晏伶，冯健，2014；王桂新等，2012）；在一个省份内部也是如此，社会经济发展因素的差异是影响省内劳动力人口迁移的主要因素（Henry et al.，2003），在省内人口迁移中，省会城市和主要经济发展区是人口迁入地。

结构引力模型中影响城市之间联系的第二个因素是阻碍劳动力迁移的因素。阻碍劳动力迁移的因素主要是成本因素。其中交通成本是阻碍劳动力人口迁移的主要成本（刘生龙，2014），例如火车交通时间越长或者迁移成本越高，迁移人口就越少（马伟，王亚华，刘生龙，2012）。

综上所述，有阻碍和无阻碍的劳动力迁移影响城市之间的联系。无阻碍的劳动力迁移主要受到城市的社会经济发展综合实力的影响，有阻碍的劳动力迁移主要受到迁移成本的影响。进而，可以认为城市的社会经济发展综合实力与劳动力迁移成本影响城市之间的联系，其中，前者是正向影响，后者是负向影响。

3.3.2 城市之间经济隶属度

城市群作为一个整体的空间地域单元，其内部城市与城市之间存在显著的经济联系。但是每个城市与中心城市以及其他城市之间的相互联系的强度不一样，联系强度的大小体现了该城市在整个城市群中的地位与作用。由于城市的层级和等级规模不一致，经济联系强度的绝对值肯定不一致，有些城市规模小，但是由于其便利的交通条件可能会导致其在城市群中与其他城市在人流与物流方面的联系非常紧密；有些规模较大、层级较高的城市由于地理区位的原因，其交通条件受到限制，与其他城市的联系可能还不如交通条件便利的小城市。因此，单纯地从经济联系强度的角度，用城市经济联系强度的绝对值确定城市在城市群中的地位和作用或者是否属于城市群的范围过于片面，需要从其他角度作进一步的考虑。为了克服经济联系强度存在的不足，已有的研究用经济隶属度来弥补经济联系强度的不足。

利用引力方程可以计算分析城市之间的经济联系强度，但还不能把城市之间的联系强度在整个城市群范围内的份额表示出来，还需要考虑其他城市与中心城市之间的经济隶属度，即各城市之间的联系强度在单个城市的经济联系总强度中所占的比重。经济隶属度既可以弥补经济联系强度的不足，也可以用于表示城市之间经济辐射强度的接受程度。经济隶属度公式为：

$$F_{ij} = \frac{M_{ij}}{\sum_{j=1}^{n} M_{ij}} \qquad (3-9)$$

其中：F_{ij} 表示两个城市之间的经济联系强度在整个城市群总的联系强度中所占的比例，即经济隶属度；M_{ij} 表示两个城市之间的经济联系强度。

从经济隶属度的计算模型来看，经济隶属度值是一个相对值，可以消除绝对值的量纲影响。每个城市的经济隶属度值反映该城市在整个城市群经济联系强度的份额，也体现该城市在整个城市群范围内的重要性。另外，通过计算经济隶属度可以直观地观察到城市的辐射范围，进而确定城市群的范围。

3.4 基于生态环境共治的视角

3.4.1 城市群是一个生态环境共治的区域

城市群不只是经济区域，也是一个环境共治区域。界定城市群的范围需要把城市群作为一个环境共治区域来看待。罗斯等（Ross et al.，2008）认为，界定城市群范围不只要关注经济联系问题，还要关注环境问题。他们认为特殊的环境问题也许可以创建一个城市群。例如，美国五大湖委员会就是由 8 个州组成的处理水资源问题的联合体；切萨皮克湾委员会由宾夕法尼亚州、马里兰州以及弗吉尼亚州组成，其主要职责是关注切萨皮克湾的水质量问题（Ross et al.，2008）。在上述例子中，由各州组成的城市群体主要是通过环境因素来界定其范围，而不仅仅是经济方面的因素。已有的关于城市群的定义研究中都提到了生态环境共治问题。例如，方创琳（2015）认为城市群是环境保护与生态建设一体化以及环保同治、生态同建等"十同"的经济共同体和利益共同体。姚士谋等（2020）认为自然环境是城市形成的重要条件。陈伟等（2021）认为完善的生态环境基础是城市群形成发育的必要前提条件。

在我国，快速推进工业化和城镇化虽然有效促进了经济增长，但由于生产要素在城市高度集聚，经济发展也高度集中，经济发展的负外部性开始外溢，城市间资源利用的同质性、污染物的远距离输送和二次污染物再扩散等问题，影响了邻近城市或区域的发展，也加剧了区域生态破坏、环境污染、资源耗竭等问题，单个城市发展和环境治理的矛盾开始凸显，区域内部城市经济社会发展与生态环境保护间的矛盾也日益凸显，例如，京津冀地区的严重雾霾、太湖流域的蓝藻暴发、粤港澳大湾区的重金属污染，都极大危害着经济社会发展和公众健康（滕敏敏，韩传峰，2015）。因此，需要一定区域范围内的邻近城市之间形成一个区域环境治理和保护的共同体来治理和保护环境。

对于区域环境治理和保护共同体，有研究提出了城市群环境共同体的概念。城市群环境共同体是基于生态系统的整体性和环境影响的关联性与生态文明的共同利益，城市之间共同治理区域内环境事务，共享生态环境价值形成的城市联合体（王玉明，2015）。这种共同体应该有一个相对完整的地域空间范围，在这个地域空间范围内，生态环境呈现整体性和关联性，城市之间通过共同的生态利益，共同治理该地域空间范围内的生态环境，共享生态利益。在该地域空间范围内，虽然各个城市有一个共同的目标——治理生态环境、追求生态利益，然而，各个城市又都是单独的行政主体，在治理环境过程中存在竞争和利益的博弈，甚至有可能出现"搭便车"现象，因此，需要各个城市之间相互协作，共同行动，这就使得城市之间形成了联系。既然是一个通过生态环境关联的区域，那么该区域应该有其自身的功能和范围边界，在该地域空间范围内，城市之间通过生态环境关联，成为一个相对完整的生态地域空间，而且该地域不受行政区划的限制，也不一定与行政区划边界相符，而是以生态功能的完整性为基础来划分边界和范围，例如广州和佛山之间的内河污染治理便是生态环境共治的典型案例。实际上，城市群可以成为这样一个生态环境共治的区域。城市群不仅是各大都市圈或各大城市之间经济互补和利益共享的共同体，而且是净化自身环境，实现环境共治、生态共建的生态环保共同体（方创琳，宋吉涛，蔺雪芹，2010）。

3.4.2　通过环境共治界定城市范围的机理

上面阐述了城市群可以是一个完整的生态环境共同体。由于城市发展的负外部性溢出，影响区域内其他城市发展，还影响区域内部生态环境，进而影响区域社会经济发展，因此城市之间可以组成一个城市联合体，共同治理生态环境。这个共同体以共同治理生态环境为目标，追求生态利益。由于又是由一定地域空间范围内的邻近城市组成，因此，可以看成是城市群的形式。那么，如何从环境共治的角度来看待城市群的范围呢？下面将详细地阐述其机理。

3.4.2.1　城市群是一个生态环境共治体，可以实现外部性内部化

自然生态资源，如山脉和森林等，往往都是跨区域、跨行政区分布，各行政区对各自区域内的自然生态资源具有管理权和使用权，导致了自然生态资源存在分割的现象。在一个区域内各行政单元，如城市，经济发展水平不同，对生态自然资源的利用方式、利用数量也不一致，由于各行政区域对本辖区内的生态资源有一定的管理权和使用权，因此，各行政单元在利用本区域生态资源时，不会考虑对其他行政单元生态资源的影响。然而，由于自然生态资源一般是系统性存在的，系统中某一部分的开发利用有可能影响到系统的其他部分，因此，因行政单元分割造成的自然生态资源分割，会导致对自然生态资源的开发利用存在空间冲突；而空间冲突的结果就是形成区域外部性（卢伟，2014），这样的外部性主要是负外部性，这种负外部性的出现直接影响到区域经济可持续发展，造成区域内生产生活成本提高，进而导致区域整体福利下降。

要消除自然生态资源存在分割现象可能导致的负外部性风险，一个可行的办法是建立一个统一机制，把外部性内部化。一般情况下，如果自然生态资源仅分布于某一行政区域内，那么可以对自然生态资源进行统一规划和管理。例如，如果某自然生态资源单独分布于某一城市，那么该城市主体可以对该自然生态资源进行统一规划和管理；如果分布于某一省份不同城市之间，那么，城市之间可能在开发利用过程中存在空间冲突，但是城市的上一级政府，即省级层面可以把这种空间冲突造成的负外部性内化，省级层面可以进行统一规划，进行开发管理，消除空间冲突带来的负外部性。这是在一个行政区域内的情况。如果自然生态资源跨行政区域分布

（在我国，这种情况主要表现在跨省级行政区域分布），那么这时对自然生态资源进行统一规划管理和开发利用就存在一定的协调难度，需要省级层面的协调。有些时候，也存在跨越不同省份的部分城市，并没有跨越整个省份，这就需要自然生态资源分布的所在城市之间组成一个城市共同体进行协调，统一规划管理和开发利用。因为，如果涉及部分城市，需要整个省级层面的协调成本过高，同时不一定有效率，把涉及自然生态资源的城市组成一个城市共同体，建立有效的协调机制，对自然生态资源进行统一规划管理和开发利用，相对来说，既可以降低协调成本，又可以提高效率，避免单独行动开发利用自然生态资源导致空间冲突带来负的外部性。

城市群可以避免空间冲突带来的外部性，关键是城市群可以形成一种利益补偿机制，实现外部性内部化。各城市之间的发展存在差异，发展水平较低的城市与发展水平高的城市相比，产业结构层次可能偏低，对自然生态资源造成的破坏可能会比较大，导致如前面所述的负外部性，也使得生态环境不和谐。但是发展水平低的城市也需要追求自身发展，在短期内，追求发展的动机导致经济主体没有主动性来改造技术，以提升自身产业结构。因此，需要在城市群的基础上建立一种利益补偿机制，即发展水平高的城市可以对发展水平低的城市实施利益补偿，协调发展水平低的城市退出发展对生态环境产生破坏的产业，从而实现外部性内部化。

3.4.2.2 单个城市治理生态环境污染效果有限

在行政分割制度下，各地方生态环境分治无法治理区域的生态破坏和环境污染问题，并有可能导致整体污染失控。

借鉴赵来军等（2003）和胡若隐（2012）的思路，分析单个城市治理生态环境污染的效果有限。假定生态环境资源总量在一定的时间范围内是给定的，而且分布于一定的连续空间范围内，在这个连续的空间分布中，某一地区对生态环境资源的污染必定会影响其他地区。因此，在给定的时间和空间范围内，可以污染的生态环境资源总量是有限的。

因此，生态环境污染总量可被用于建构对生态环境资源污染的排污量和减污量之间的数学模型。如果把对生态环境污染的排污量看作数学模型中的"存量"即"状态变量"，把减污量看作"流量"即"控制变量"，就可以构建起生态环境污染总量的目标函数。由于城市之间行政分割体制的存在，各个时期和地区的目标函数可以直接叠加，也就是说地区 3 和地区 2 的边际替代率和地区 1 没有关系。这样，目标函数就变成排污量 y_t 和污染量 z_t 之间的关系，可以得到约束函数：$y(t+1) - y(t) = Q(y_t, z_t, t)$，即未来 $t+1$ 时间段的排污量取决于当前时间段 t 的存量和在 t 变化至 $t+1$ 之间的减污量大小。当然，还可以有其他约束函数，我们将这些约束函数概括为：$G(y_t, z_t, t) \leq 0$。

由于排污主体减污需要付出成本，假设成本函数为 $c(w(t))$，其中，$w(t)$ 为 t 时期的排污水平。成本函数一阶导数大于 $0 (c'(w(t)) > 0)$，即减污成本与污染水平正相关，污染水平越高，减污的单位成本越高。由于生态环境资源分布于连续的空间范围内，那么，可以假设某一地区的污染水平为 $w(t) = y(t) + y(t)^{other}$，即等于本地排污量 $y(t)$ 和其他地区排污量 $y(t)^{other}$ 之和。当其他地区排污增加时，即使本地排污量不变或下降，本地的减污成本也会增加。

假设最后时间段的排污量 $y(T)$ 保持特定数值不变，那么目标函数值 P 就可以表示成最初时间段存量 y_0 的一个函数 $P(y_0)$。现在把时间段 $0 \sim T$ 分成两大段：$0 \sim t$ 和 $t \sim T$。那么，在时间 t 时排污量的初始量为 $y(t)$，选择合适的 $z(t)$，使得在时间 t 内目标函数 $F(c(w(t))z(t), y(t), t)$ 发生相应变化，同时根据约束函数 $y(t+1) - y(t) = Q(z, y, t)$，$z(t)$ 又使得 $y(t+1)$ 发生了变化，也就是说，从 $t+1$ 开始直到 T 是同一个函数最大值的优化问题，约束函数不变，最终排污量不变，但排污量初始值由 $y(0)$ 变为 $y(t+1)$，从时间 $t+1$ 开始的最大值为 $P(y(t+1), t+1)$。因此，在连续的空间范围内，只要还有生态环境资源可以被继续污染，就有可能导致整个连续的空间范围被全面污染的情形。所以，从时间 t 开始，各个地区实际上会通过控制污

染量 $z(t)$ 使：

$$P(y(t),t) = \max\{F(c(w(t))z(t),y(t),t) + P(y(t+1),t+1)\}$$

$$(3-10)$$

式（3-10）对于属于 $[0,T]$ 内的任意时间 t 都成立。所以，$t=T-1$ 时，式（3-10）变为：

$$P(y(T-1),T-1) = \max\{F(c(w(T-1))z(T-1),$$
$$y(T-1),T-1) + P(y(T),T)\} \qquad (3-11)$$

当 $t=T$，式（3-10）变为 $P(y(T),T) = \max\{F(c(w(T))z(T),y(T),$ $T) + P(y(T+1),T+1)\}$，但由于 T 为最终时间，所以时间 $T+1$ 是没有价值的，所以，$t=T$ 时，$P(y(T),T) = \max F(c(w(T))z(T),y(T),T)$。求得 $P(y(T),T)$ 后代入式（3-11），即可求得 $P(y(T-1),T-1)$。以此类推，我们可以求得 $P(t-2)$，$P(t-3)$，$\cdots$，$P(0)$，即各个地区的总排污量 P_1、P_2、P_3 等。实际上，也就是各个地区的最优决策变量。这时，各个行政区内，生态环境污染治理存在着总成本不断上升的趋势。

根据贝尔曼最优性方程可知，在任意时间 t 的最大值 $P(y(t),t)$ 就是对式（3-10）右边括号内的最大化，运用拉格朗日乘数法可求得：$Fz(c(w(t))z(t),y(t),t) + Pz(y(t+1),t+1) - \lambda Gz(y(t),z(t),t)$。代入约束函数 $y(t+1) = Q(z,y,t)$，由于 $z(t) + y(t)$ 已经确定，于是有 $Pz(y(t+1),t+1) = Py(y(t+1),t+1)Qz(y(t),z(t),t)$。我们知道，$Py(y(t+1),t+1)$ 表述的是存量 $y(t+1)$ 对最大值方程 P 的边际影响，引入影子价格 $\pi(t+1)$ 后，拉格朗日乘数法的一阶必要条件变为：

$$Fz(c(w(t))z(t),y(t),t) + \pi(t+1)Qz(y(t),z(t),t) - \lambda Gz(y(t),z(t),t)$$

$$(3-12)$$

但是，还有一个现象，污染物的排放会遇到一个随机变化的问题，即在不同的时间段会有不同的变化。因此，现在的排污量 $y(t+1)$ 不再是由确

定的约束方程 $y(t+1) = Q(z,y,t)$ 确定的了，我们只知道在一定的 $z(t)$ 和 $y(t)$ 的情况下，$y(t+1)$ 有着 $\varphi(y(t+1);y(t),z(t))$ 的概率分布。采取同样的动态规划思路：在时间 t 内，选取 $z(t)$，一方面改变了现在的目标函数值 $F(z(t),y(t),t)$，另一方面 $z(t)$ 通过概率分布函数 $\varphi(y(t+1);y(t),z(t))$ 影响了 $y(t+1)$。当在时间 $t+1$，实现了 $y(t+1)$ 后，我们面临着同样的 $(t+1) \sim T$ 的最大化问题，这个问题仍然是不确定的，因为随机变量 y 的存在。所以我们关心的是自时间 $t+1$ 以后最大值的平均值 $E(P(y(t+1),t+1)) = \sum P(y(t+1),t+1)\varphi(y(t+1);y(t),z(t))$。这样，贝尔曼方程变为：

$$P(y(t),t) = \max\{F(y(t),z(t),t) + E(P(Y(t+1),t+1))\}$$

$$(3-13)$$

由此，无论是连续时间还是离散时间，地区 1、地区 2、地区 3 都存在地方政府优化本地区决策变量 P_i 的可能，也就是使本地区的排污量最大而环境治理成本最小。如果处于其他区域的地区 4 和地区 5，对于本地区污染物减排量和污染物转移量以多少为宜，完全是按照本地区成本函数进行决策，则势必造成统一生态环境分布的其他相邻地区污染物在扩散和转移中积累，例如河流下游。

如果在一生态环境资源分布连续的空间范围内，某一地区因对生态环境的破坏产生负的外部性影响到其他地区，例如，上游排放污染物对水资源的污染影响到下游地区，某一地区排放污染物对大气造成污染影响到其他地区，被污染影响的地区要么自己承担因被污染带来的损失，要么自己对污染进行治理。如果污染源地区自身治理一部分污染物，那么剩下的部分污染由其他地区治理。再假设每个地区承受的来自污染源地区的污染量逐步减少，且每个地区承受一定比例的污染物，即使污染源地区治理一部分污染物，其他地区没有新增污染量，整个区域内产生的污染累积量也将成倍增加。不断积累的污染总量必将导致整个区域内的治理成本累计上升，而且治理的边际成本也会因各地区追求自身利益最大化的决策行为和污染物的累积效应而递增。

综上所述，在行政分割体制下，单个城市对生态环境污染治理存在着边际成本上升的趋势，公共物品供给的价格与生态环境所处区域的空间范围呈现一定的相关关系，生态环境所处区域的空间范围扩大，公共物品供给的价格呈现边际递增现象。这样，就不会发生公共物品本身所存在的供给第一批公共物品的价格高于其后所供给的公共物品价格的情形（奥尔森，1988）。这会间接导致生态环境共治不同于奥尔森（1988）所描述的集体行动困境的情形，因为生态环境共治行动在刚开始的时候成本过高，因而没有人愿意供给生态环境共治的公共物品，这就需要解决提供生态环境共治公共物品的激励机制，这种激励机制能够使公共物品的供给者效应最大化。而污染治理不仅开始的成本较高，而且表现出边际成本递增的趋势。这样就会出现这样一种困境：公共物品越多，各自需付出的成本比所获得的收益比例越大。因此，如果没有合理的利益补偿机制，没有合理的制度安排，最终情形是生态环境资源所分布的空间范围内各地区各行其是，各自追求自身利益最大化，尽量将污染危害外部化，直接导致区域性的污染治理失控。总之，只要存在地方行政分割现象，就会出现生态环境污染治理失控，治理的边际成本也就越来越高。

3.4.2.3　生态环境共治与城市群范围

利用城市共同体的形式实现自然生态资源统一规划管理和开发利用，其实就是城市群的形式。城市群作为一个环境共同体，可以有效地统一规划管理和开发利用自然生态资源，建立利益补偿机制，实现负的外部性内部化。城市群依托一定的生态功能空间，把不同城市集聚到一起，这些城市之间相互依存、相互合作、优势互补，在环境治理方面形成一个互利共赢的局面（王玉明，2015）。当前，生态环境的内容主要涉及陆系、水系以及大气。在陆系自然生态系统中，主要包括山川和森林，很多山川和森林都绵延分布，横跨多个行政区域；水系主要包括河流、湖泊和近海，河流一般会流经多个行政区域，湖泊和近海往往也会跨越多个行政区域。如前面所述，分布于自然生态资源周围的各行政区域发展水平各异，对自然生态资源的开发利用能力也存在差异，这可能导致空间冲突，影响整个区域的经济发展，如果把各行政单元组合成一个城市组合体，即城市群，建立协调机制，共同开发和管理，不但可以解决空间冲突问题，还可以实现互利共赢，促进区域经济可持续发展。这个过程涉及完整的生态功能空间范围的划分，这个范围也可以认为是从自然生态环境共治的角度划分城市群。基于上述理由，可以把山川和森林等自然生态体系横跨的城市组合成一个城市群，把河流所流经的城市组成一个城市群，把环绕湖泊和近海的城市也组成一个城市群。还有可能出现大气污染转移的连片区域的城市，也可以组成城市群的形式联合治理大气污染。

如前面所述，如果处于一个生态环境系统内的城市对生态环境实行分割治理，并不能取得良好的效果，而且会导致治理成本提高。因为，地方行政分割体制存在内在的矛盾，主要表现为制度的结构性内在矛盾，这种内在矛盾集中体现为制度性集体行动困境，会导致治理边际成本上升（胡若隐，2012）。首先，地方政府作为一个经济主体，以利益最大化为目标进行经济活动。地方政府的主要目标是发展本地经济，由于各地方政府经济发展战略不一致，经济发展目标也不同，因此，各地方政府行动目标也不一致。由于经济利益的驱动，地方政府往往会把更多的资源投入促进经济发展的项目，忽视对生态环境治理的投入。在没有统一协调机制和利益驱使下，地方政府集体行动统一治理生态环境的动力不足。只有把生态环境治理当作利益纽带，引导各地方政府集体行动，才能形成有效的生态环境共同体。其次，地方政府的多个职能部门存在着对生态环境的控制与处理，这些部门自身存在职能错位、失位和缺位等现象，部门之间又存在职能冲突现象，它们因为各自利益而难以形成一个行动一致的集体。因此，鉴于上述原因，需要一个统一的组织，形成一套有效的机制来对生态环境实行共治。前面已经阐明，城市群可以是一个有效的生态环境共治的组织和区域，现实中，各类自然生态资源往往是联系在一起的，不是单独存在的，因此要综合考虑生态环境共同区域，以确定城市群的范围。

3.5　基于区域发展战略的视角

前面从城市之间的经济联系和区域内环境共同体两个视角阐述了城市群的范围界定。城市群发展已经上升到国家战略，因此还需要从区域发展战略的角度分析城市群的范围。

3.5.1　区域发展战略实现城市组合的动机和内涵

城市群已经成为区域经济增长极，是国家战略落地的空间载体，是促进区域协调发展的主要空间载体。因此，城市群范围界定，既要能够符合国家规划和重大区域政策要求，落实好国家战略，同时也要有助于更好地衔接各省区市的发展设想和诉求，保障区域战略的纵向衔接和横向联合，发挥政策合力（孙伟等，2018）。城市群内部各城市之间联系紧密，单从城市之间联系的紧密度和环境保护共同体的角度考虑城市群的范围还不准确，还需要着眼于未来发展，从区域发展战略的角度考虑城市之间的联系，进一步确定城市群的范围。

区位条件是城市群形成的基础条件（苏雪串，2004），从城市之间的联系紧密度和生态环境保护共同体的角度界定城市范围更多的是考虑城市群的区位。便利的交通区位条件和广袤的腹地有利于城市之间的联系和交流，有利于实现资源在空间上更好的配置，实现城市群内部功能分工。资源的配置宏观上表现为在城市之间，微观上表现为在企业之间。城市群内各企业之间存在一定的联系，不同等级规模生产同类产品的企业和生产上、下游产品的企业，以及为企业提供各种服务的单位或部门在城市群内大量集中布局，形成产业集群，产业集群促使城市群内的城市之间形成地域分工（刘静玉，王发曾，2005），从而有利于整个城市群的经济发展，有利于发挥城市群增长极的作用。单纯地从城市之间的联系紧密度和环境保护共同体的角度界定城市群的范围可能会忽视其他一些重要的因素，比如说区域发展战略，因此还需要从区域发展战略的角度来考虑城市的范围。

从区域发展战略的角度考虑城市群范围既要从政府的角度考虑也要从市场的角度考虑。从市场的角度，如前面所述，在一个特定区域内，城市各方面的特征属性以及社会经济发展已经符合进入城市群范围的条件，该城市与其他城市的联系也非常紧密，在界定城市群范围时可以考虑纳入该城市。这种考虑主要以市场的主体联系为主。从政府的角度，政府要从全社会利益最大化的角度出发，界定城市群的范围。一个区域范围内城市之间的发展水平存在差异。短期看，特别是在发展初期，发展条件好、发展水平高的城市对发展水平低的城市存在极化效应，发展水平低的城市的资源和要素会流向发达城市，各种资源和要素会向发达城市集中，这会导致城市之间的发展差距扩大。从理论上讲，发展水平低的城市由于各方面的发展条件不成熟，可能导致其不适合纳入城市群的范围。长期看，城市的发展存在一定的规律，发达的大城市也不可能一直吸收欠发达城市的资源和要素。因为城市发展到一定阶段，由于高地价和拥挤等负的外部性会导致大城市开始向外扩散，发达的大城市产业开始向外布局，资源和要素也开始向周边城市扩散，这将有助于周边欠发达城市的发展。鉴于此，从区域发展战略的角度，政府在规划城市群范围时，需要从长远角度考虑，以提高区域整体发展水平为出发点来确定城市群的范围。因为，区域发展战略实施时，基础设施投入等各种投入增加；同时，地方政府因追求各自利益而形成的市场分割对区域经济增长的直接负面影响和间接负面影响都会减弱，市场分割现象被逐渐打破，促进了区域协调，加快推进了区域市场一体化进程，从而有利于整个区域的经济增长（宋冬林等，2014）。

3.5.2　区域发展战略界定城市群范围的机理

3.5.2.1　区域发展战略实现城市群基础设施互联互通

前面关于城市群的定义指出，城市群的特征之一就是城市之间通过交通等基础设施实现互联互通。基础设施可以支撑和引导城市群的形成和发展（赵勇，2009）。现代交通基础设施是城市之间联系的主要渠道之一，交通基础设施使得城市之间的联系更加紧密。另外，城市群的发展是一个动态变化的过程，城市群的范围也是不断变化的。如果城市与城市群的联系更加紧密，参与城市群的分工和合作，将会逐渐融入城市群的发展，进而被纳入城市群的范围。加大铁路、公路等基础设施的建设，可以把城市连接起来，实现城市之间的互联互通，降低城市之间的联系和交易成本，使城市之间的联系更加紧密，交流更加频繁，城市之间的分工与合作更加完备，从而有利于整个城市群的发展。特别是由于交通基础设施的完善和交通运输网络的改善，中心城市依靠的要素集聚获得增长，促使非中心城市快速接近中心城市，并且资本能够自由流动，进而加速中心城市的要素集聚（李煜伟，倪鹏飞，2013），但是资本所有者并不需要迁移至中心城市就能获得创新收益，非中心城市将由于存在资本套利空间而使收入提高，从而实现城市间的增长趋同（Baldwin et al.，2003）。完善的基础设施，发达的交通运输网络，实现了城市之间的互联互通，形成了运输规模效应和范围效应，使得运输成本降低，交易费用下降（Krugman，1992）；非中心城市提供的中间品成本降低，将引致中心城市创新成本的降低，中心城市由此形成更高的经济增速，并由于对中间品需求的增加，进一步带动非中心城市经济增长（Yamamoto，2003）。同时，完善的交通基础设施和发达的交通运输网络，不仅降低了运输成本，加速了中心城市要素集聚，使中心城市获得更快增长，而且城市间交易费用的存在延缓了新增要素的流失，通过增加节点集聚系数、降低非中心城市间的运输成本，非中心城市之间可以增强对彼此经验的学习，使它们在流失要素的同时，能够更快、更有效地应用中心城市的知识外溢，获得更快的经济增长，促进与中心城市的协同增长；这样，在城市群中各城市之间绝对的自然地理距离没有改变的情况下，各城市之间运输网络的改善，使物质和信息的传递速度加快、成本下降，各城市获取了提高城市群的人口密度、土地利用率和产业集聚度以及公共资源配置均衡化的外部性收益（李煜伟，倪鹏飞，2013），有利于城市群的形成和发展，提高整体福利。但是整个城市群的基础设施建设与完善不是由单个城市完成的，因为城市群内部城市之间既存在合作也存在竞争，这必然涉及利益博弈，就有可能在城市间的基础设施建设过程中出现不合作的现象，例如城市之间存在"断头路"的现象。因此，城市之间基础设施的建设和完善需要更高层面的协调。

既然需要更高层面的协调，就需要政府从区域发展战略角度来实现基础设施的互联互通。从区域发展战略的角度就是从整体上考虑区域利益，不但要考虑城市群已经发展的情况，还要考虑城市群未来的发展。如果城市群已有的基础设施制约城市群的进一步发展，可以进一步完善城市群的基础设施。与此同时，有些城市可能因为发展落后，并不一定属于城市群的范围，但是从长期考虑，如果该城市纳入城市群的范围将有利于城市群的整体发展，例如可以更好地实现产业分工和资源的空间配置，那么可以先把其纳入城市群的发展范畴，同时建设和完善该城市与城市群中其他城市的交通基础设施，实现该城市与城市群的互联互通，最终实现该城市和城市群都得到更好的发展。例如，随着城市群不断发展，产业不断积聚，人口不断集中，城市群需要更大的空间范围来承载这一系列的变化；此外，城市群不断扩大，城市群经济会出现新的产业、新的经济增长点，城市群经济呈现多样性发展，未来与其他城市的相互作用和联系可能会不断加强，以实现城市群与城市的资源互补。通过事先完善交通基础设施实现该城市与城市群的互联互通，把该城市纳入城市群发展范围，有利于整个城市群的健康持续发展。

3.5.2.2　区域发展战略实现城市群市场一体化

如果仅是利用交通基础设施实现各城市互联互通，还不足以说明城市群中各城市已经实现了一体化发展。城市群的一个特点是城市之间联系紧密，区域市场一体化现象突出。但是，地方政府出于自身利益考虑，为了提高自身政绩，有可能实行地方保护主义，这就可能导致出现区域市场分割现象，进而导致存在市场"非一体化"，特别是跨省域城市之间，这种现象非常明显（Poncet，2002）。市场"非一体化"将导致区域生产结构出现不合理的分工（陆铭等，2004），以及恶化生产要素跨省域的配置（郑毓盛，李崇高，2003），这将影响区域整体福利，不利于区域的可持续发展。因此，除了在城市之间实现基础设施互联互通外，还需要确保市场一体化。

另外，城市群一体化发展的目标之一就是实现城市群市场一体化。单个城市在不同的发展阶段，其资源配置能力和效率不一样。当单个城市发展到某一阶段，城市配置资源的能力和效率开始下降，城市运营成本提高，要素开始外流，企业也开始外迁，这个过程体现为城市发展的"溢出效应"。在非市场一体化的情况下，城市各自为政，市场分割，会存在阻碍要素流动和企业扩散的因素，提高要素流动和企业交易成本，导致城市发展的"溢出效应"受阻，进而造成市场运行扭曲。这样，不仅降低了资源配置的静态效率，还降低了经济增长速度，影响了整个区域的社会福利（林毅夫，刘培林，2004）。

实现城市群市场一体化发展，可以降低要素流动成本和企业交易成本，发挥规模经济的功能，使得城市发展的"溢出效应"得到体现，解决单个城市发展出现的负外部性，也能更好地在空间上优化配置和布局生产要素。

以城市群为单位是实现市场一体化的主要形式。如前面所述，单个城市发展的不同阶段，配置资源的能力和效率不一样。在单个城市空间范围给定的情况下，如果把单个城市不同的发展阶段看作不同时期的均衡，那么可以认为城市发展的均衡是一个动态均衡，外生因素的冲击和内生因素变化会影响均衡，而且在发展均衡时，城市的资源配置能力和效率最高。然而，均衡是一个动态过程，由内生因素变化和外生因素的冲击共同推动均衡的动态变化，推动一个均衡状态向一个新的均衡状态运行。一旦内生因素或者外生因素变化导致新的均衡状态在既定城市空间范围无法维持，则说明城市配置资源的能力效率开始下降，企业规模的扩张也受到限制，需要寻找新的空间范围配置资源，这时企业会考虑到邻近城市发展，因为企业的扩张遵循距离衰减规律（李小建等，1999）。城市作为独立的行政单元，城市之间存在一定的竞争会提高成本，降低效率，因此需要以城市群的形式统一规划市场发展，协调城市之间的利益，消除行政壁垒，实现市场一体化发展。可见，城市群是实现市场一体化的主要形式。

从上面的分析中可以看出，区域发展战略必须从长远的角度考虑整个城市群的发展。按照现有的发展水平，也许有些城市并不能满足城市群的发展要求，因此不能进入城市群的范围，但是从长期考虑，现在不能进入城市群范围的城市对该城市群未来的发展非常重要，因此，可以通过实现基础设施的互联互通和市场的一体化，先把城市纳入城市群的范围，培育城市的发展，使其与城市群联系更加紧密，共享城市群的发展。

3.6　城市群范围的综合界定分析

上面分别从城市之间的联系、生态环境共治和区域发展战略三个角度阐述了界定城市群范围的机理。在界定城市群范围时，如果单从各个角度界定城市群的范围将失之偏颇，需要综合考虑城市之间的联系、生态环境共治和区域发展战略三个方面的内容。因此，需要一个综合的分析框架，囊括上述三个角度来界定城市群的范围。随着区域发展战略的实施，城市之间的交通基础设施将进一步完善，之前联系较弱的城市之间的联系将进一步加强，但从城市之间的联系界定城市群范围时，并没有考虑把这些城市纳入城市群的范围，而只是纳入当前交通基础设施比较完善、联系强度大的城市。也就是说，从城市之间联系的角度界定城市群范围时，没有考虑未来区域发展战略的实施将促使城市之间的联系更紧密的情况。即使考虑了随着区域发展战略的实施，城市之间的联系将进一步加强，有些城市与中心城市之间的联系强度仍不足以达到将其纳入城市群范围。但是这些城市与中心城市处于一个生态环境系统内，这些城市与中心城市，或者与相对比较发达的城市之间存在空间竞争，而这种竞争主要可能是通过对生态环境的利益争夺体现出来。因为共处同一生态环境系统内，某一城市对生态环境的破坏必定影响到系统内的其他城市。因此，即使某些城市与中心城市之间的联系强度不足以将其纳入城市群范围，但是这些城市与中心城市处于同一生态环境系统内所形成的生态环境联系也可以让这些城市纳入城市群。

因此，本书认为应按以下步骤界定城市群范围：

第一，确定中心城市。根据中心城市确定的理论，从城市规模、经济发展、社会发展以及科技创新四个方面选取指标确定各城市群的中心城市。根据已有现实情况和城市群的定义，宜选择 2 个或 2 个以上特大城市为中心城市。

第二，计算中心城市与周边城市之间的联系，以隶属度大于一定值为准。以经济隶属度大于 0.5% 作为中心城市的辐射腹地空间，如果外围城市与中心城市之间的隶属度大于 0.5%，就把该城市纳入城市群的范围，如果小于 0.5% 就不纳入城市群的范围。取这一临界值主要是基于如下考虑：首先，如果外围城市与中心城市之间的隶属度临界值过大，那么外围城市与中心城市将同处一个都市圈范围；如果临界值过小，外围城市接受中心城市的辐射有限。其次，已有的研究也以 0.5% 的隶属度作为城市群空间范围划分的临界值。

第三，从生态环境共治进一步确定城市群范围。处于同一生态环境系统内的城市可以划入同一城市群的范围；处于同一流域的城市、处于同一片森林和山脉的城市可以纳入同一城市群的范围。需要特别说明的是，有些流域跨越多个省级行政范围，例如，长江和黄河跨越多个省份，就不一定要将这些省份的城市在一起组成城市群，因为这需要考虑到中心城市的辐射范围以及外围城市与中心城市的经济联系强度和隶属度。另外，在规划城市群范围时还要注意以下两点：一是《国家主体功能区规划》中明确规定的属于限制开发区和禁止开发区内的城市可以不纳入城市群的范围；二是要考虑一些特殊情况，例如，在界定京津冀城市群范围时，要考虑该区域的雾霾治理问题，需要将与雾霾治理相关联的城市纳入该城市群的范围。

第四，从区域发展战略的角度进一步界定城市群范围。主要以政府出台的相关区域发展战略为依据，这些区域发展战略中提到了规划城市之间交通基础设施建设，特别是未来外围城市与中心城市之间的交通基础设施建设。以中心城市与外围城市之间将要建设高速铁路、普通铁路和高速公路为准，与中心城市在同一个生态环境系统内的外围城市，如果未来与中心城市之间有高速铁路，或普通铁路，或高速公路联系，那么就可以把这些外围城市纳入城市群的范围。

综上所述，城市群范围的界定要综合考虑城市之间的联系、生态环境共治和区域发展战略三个方面。

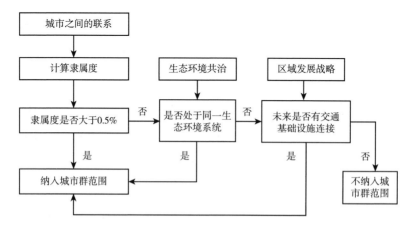

图 3.1　城市群范围界定综合框架

3.7　本章小结

本章从理论上提出了界定城市群范围的分析框架，从三个角度界定城市群的范围。

首先，确定中心城市。界定城市群的范围之前首先要确定中心城市。中心城市具有非中心城市所不具有的特征，即中心城市的中心性。本书提出主要从城市规模、经济发展、社会发展以及科技创新等方面来确定中心城市。

其次，基于城市之间联系的角度界定城市群。城市群区域内部城市之间的联系非常紧密，界定城市群的范围要考虑城市之间的联系。以往的研究中，都是用传统的引力模型来计算城市之间的联系。传统引力模型的不足之处在于传统引力模型缺乏经济理论基础，所涉及的变量仅仅包括经济总量、人口总量以及城市之间的空间距离。城市之间联系涉及人流、物流和资金流，找出影响这些要素在城市之间流动的原因，便能找到影响城市之间联系的因素，而这恰恰是传统引力模型所缺乏的。本章以此为切入点，以传统引力模型为基础，引入经济理论基础来拓展传统的引力模型，从而使引力模型在分析城市之间的联系时更具有合理性。

再其次，基于环境保护共同体的视角界定城市群范围。利用引力模型分析城市之间的联系来界定城市群的范围更多的是从城市之间的经济联系角度来考虑。抛开经济联系，城市之间还存在其他方面的联系，例如生态环境方面的联系，因此仅仅考虑经济方面的联系就确定城市群的范围还不够全面。城市之间还可能存在生态环境方面的联系，城市之间可能共处某一生态环境系统，要共同承担环境治理的责任，共享生态发展的利益，这就需要城市之间形成一个环境治理共同体，其实就是一个城市群的形式。可见，界定城市群的范围还需要考虑城市之间生态环境的联系。

最后，基于区域发展战略的视角界定城市群范围。从城市之间和环境保护共治的角度界定城市群范围还不足以全面地确定城市群的范围，还需要从长远的、发展的战略角度分析城市群的范围。有些城市现有的发展水平不一定满足进入城市群与其他城市一起发展的要求，但是从长远的角度考虑，该城市在进一步优化城市群资源配置和优化城市群空间布局方面具有重要的作用。因此，可以事先通过完善的交通基础设施，把该城市与城市群连接起来，实现该城市与城市群其他城市的互联互通；与此同时，还可以通过统一规划市场发展，把城市纳入城市群实现市场一体化发展来培育城市的发展。最终，实现城市群范围的合理界定。

总之，城市群范围的界定是一个非常复杂的过程。城市群是一个复杂的系统，城市群的边界是模糊的（李廉水等，2006；方创琳等，2010），随着交通轴线的延伸和分叉，城市群的规模和边界也将随之扩张（李廉水等，2006），城市群内部城市的空间辐射范围也呈现阶段性的动态变化（方创琳等，2010）。正如方创琳等（2010）所言，对城市群这类特殊动态变化地域进行空间范围识别是一个复杂的问题，无论采用何种识别标志和方法得出的城市群空间范围都是相对的，由于城市群的空间辐射范围一直处在动态变化之中，所以不可能画出绝对明确的界线。尽管如此，界定城市群的相对范围对制定城市群发展战略和规划仍具有重要的现实意义。

第4章 趋向鼎盛阶段的城市群合理范围的界定：以长江三角洲、珠江三角洲城市群为例

2016 年，国家批复了《长江三角洲城市群发展规划》等规划文本；2019 年，中共中央、国务院又印发了《粤港澳大湾区发展规划纲要》。规划文本中明确规定的各城市群的空间范围体现了国家层面对城市群空间范围界定的思路，具有重要的研究代表性；另外，长江三角洲城市群发育比较成熟，处于趋向鼎盛阶段的城市群（方创琳等，2010），粤港澳大湾区城市群是我国城镇化水平较高、开发建设强度较大的城镇密集地区之一（刘伟等，2023）。因此，本章运用前面所构建的界定城市群合理空间范围的理论框架对长江三角洲（简称"长三角"）、珠江三角洲（简称"珠三角"）两大城市群合理空间范围进行分析和界定。

4.1 城市群发展现状

4.1.1 《长江三角洲城市群发展规划》关于长江三角洲城市群空间范围

《长江三角洲城市群发展规划》中确定了长江三角洲城市群所包含的城

市个数为 26 个，其中，江苏 9 个——南京、无锡、常州、苏州、南通、盐城、扬州、镇江、泰州，浙江 8 个——杭州、宁波、嘉兴、湖州、绍兴、金华、舟山、台州，安徽 8 个——合肥、芜湖、马鞍山、铜陵、安庆、滁州、池州、宣城，以及上海全境，总面积约 21.17 万平方千米。

4.1.2 珠江三角洲城市群空间范围

《粤港澳大湾区发展规划纲要》中确定了粤港澳大湾区包括香港特别行政区、澳门特别行政区，以及广东省的广州市、深圳市、珠海市、佛山市、惠州市、东莞市、中山市、江门市、肇庆市等九市，总面积 5.6 万平方千米。由于香港特别行政区、澳门特别行政区数据限制，本书主要研究以珠江三角洲九市为主的珠江三角洲城市群，具体包括广州市、深圳市、珠海市、佛山市、惠州市、东莞市、中山市、江门市、肇庆市等九市。

4.2 城市群中心城市的确定

正如克里斯塔勒（2016）所言，由于一个地方的重要性是一种强度值，因此把造成重要性的各个因素的规模大小相加，得出一个简单的和，这就是一个极不准确的值，而且往往过低，特别对一个拥有大量中心因素的大城市更是如此。因此，简单地设置指标来确定城市中心性的方法有待商榷。黄征学（2014）认为中心城市的选择应该符合两个基本条件：一是中心城市的市区常住人口规模必须在 100 万人以上；二是中心城市在区域内承载的重要功能，如直辖市、省会（首府）城市、副省级城市等。确定城市群一级中心城市可以借鉴黄征学（2014）的方法，但是其他级别的中心城市，例如区域性中心城市和节点城市，不仅仅要考虑人口规模和城市的行政职能，还要考虑城市的空间规模、经济发展水平和社会发展水平。梅志雄等（2012）选取了城市非农人口规模和城市建成区面积等指标来衡量城市规模水平，选取了 GDP、人均 GDP、第二和第三产业产值以及第三产业产值占总产值比重等指标来衡量城市经济发展水平，选取了万人拥有普通高校在校学生人数、万人拥有医疗卫生机构床位数、人均拥有公共图书馆藏书数等指标来衡量城市社会发展水平。孙久文等（2016）选取了地区生产总值、人均 GDP、二三产业增加值占 GDP 比重等指标来衡量经济发展水平，用每万人拥有普通高校学生数、医院床位数、每万人拥有医生数等指标来衡量社会发展水平。姚（Yao，2014）用城市专利数量来衡量城市的科技创新水平。

考虑到数据的可得性，本书借鉴已有的研究成果选取相关指标来衡量城市规模、经济发展水平、社会发展水平和科技创新水平四个方面。选取城市建成区面积、市区人口比例来衡量城市规模，选取城市市辖区 GDP 来衡量经济发展水平，选取城市卫生机构数、城市卫生机构床位数、城市卫生机构人员数、城市高等教育机构数、城市普通中学校数来衡量社会发展水平，选取各城市的专利授权量来衡量科技创新水平。选取了指标体系之后，笔者选取两大城市群内部各城市 2020 年的数据，借鉴黄云鹏和顾海兵（1997）确定中心城市的方法计算各个单项指标的得分情况，计算公式如下：

$$得分 = 某城市某指标数值 \div 所有城市某指标平均值$$

各指标数据来源于 2021 年的《中国城市统计年鉴》、2021 年各省市统计年鉴以及各城市 2020 年统计公报。

4.2.1 长江三角洲城市群中心城市的确定

对长江三角洲城市群各个城市的单项指标得分进行主成分分析，结果表明（见图 4.1），第 3 个因子以后的特征根值都较小，对原有解释变量的贡献很小，可以忽略不计，因此提取两个因子比较合适。

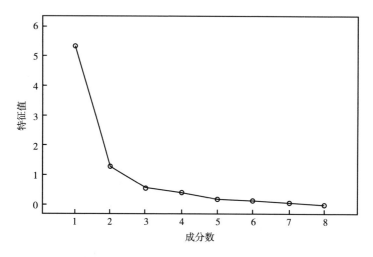

图 4.1　长三角城市群因子碎石图

提取出两个因子后，利用两个因子的得分计算各个城市的综合得分情况。根据各因子的公差贡献率计算各城市的综合得分情况（见表 4.1）。

表 4.1　　　　　　　　　　长三角城市群各城市综合得分情况

城市	因子 1 综合得分 F_1	因子 2 综合得分 F_2	综合得分 F	排位
上海	4.6474	0.0288	3.0914	1
南京	2.2799	− 0.7237	1.3958	5
无锡	1.3834	− 0.0656	0.9081	7
常州	1.1115	− 0.2888	0.6910	11
苏州	2.4138	0.2939	1.6513	2
南通	1.0421	0.5978	0.7900	8
盐城	0.7670	1.0019	0.6734	13
扬州	0.7630	0.0228	0.5105	18
镇江	0.5658	0.0269	0.3802	20
泰州	0.5633	0.6166	0.4751	19
杭州	2.3275	0.1878	1.5767	3
宁波	1.5580	0.2109	1.0694	6
嘉兴	0.7889	0.2713	0.5684	16
湖州	0.5040	0.0600	0.3446	21
绍兴	1.0087	0.0639	0.6804	12

城市	因子 1 综合得分 F_1	因子 2 综合得分 F_2	综合得分 F	排位
金华	0.9186	0.6276	0.7129	9
舟山	0.3566	−0.6102	0.1370	26
台州	0.9079	0.5512	0.6933	10
合肥	2.0235	0.5940	1.4412	4
芜湖	0.8171	0.0010	0.5429	17
马鞍山	0.3257	0.4320	0.2947	23
铜陵	−0.0384	0.8367	0.2469	25
安庆	1.1656	−0.3124	0.4649	14
滁州	0.8937	−0.2755	0.3450	15
池州	0.2733	0.2585	0.2143	24
宣城	0.4190	0.1111	0.2380	22

注：综合得分计算公式为 $F = 0.6642 \times F_1 + 0.1637 \times F_2$。

从长江三角洲各城市的得分情况来看，上海、南京、苏州、合肥、杭州、宁波、无锡 7 个城市得分排名靠前，这 7 个城市在长江三角洲城市群起着中心城市作用，特别是上海、南京、合肥、杭州和苏州为主要中心城市。在《长江三角洲城市群发展规划》中也明确了这 7 个城市的中心作用。《长江三角洲城市群发展规划》中指出："发挥上海龙头带动的核心作用和区域中心城市的辐射带动作用""推动南京都市圈、杭州都市圈、合肥都市圈、苏锡常都市圈、宁波都市圈的同城化发展""按照打造世界级城市群核心城市的要求，加快提升上海核心竞争力和综合服务功能，加快建设具有全球影响力的科技创新中心"；在城市群内部的"五大都市圈"中，在南京都市圈，要"提升南京中心城市功能"，在杭州都市圈，要"加快建设杭州国家自主创新示范区和跨境电子商务综合试验区、湖州国家生态文明先行示范区，建设全国经济转型升级和改革创新的先行区"，在合肥都市圈，要"提升合肥辐射带动功能，打造区域增长新引擎"，在苏锡常都市圈，要"建设苏州工业园国家开放创新综合试验区，发展先进制造业和现代服务业集聚区"，在宁波都市圈，要"高起点建设浙江舟山群岛新区和江海联运服务中心、宁波港口经济圈"。

4.2.2　珠江三角洲城市群中心城市确定

对珠江三角洲城市群各个城市单项指标得分进行主成分分析,结果表明(见图4.2),第3个因子以后的特征根值都较小,对原有解释变量的贡献很小,可以忽略不计,因此提取两个因子比较合适。

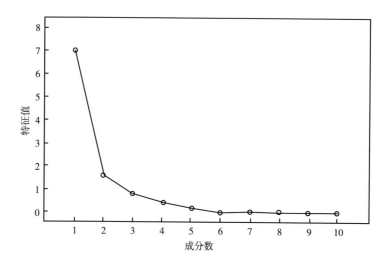

图4.2　珠三角城市群因子碎石图

提取出两个因子后,利用两个因子的得分计算各个城市的综合得分情况。根据各因子的公差贡献率计算各城市的综合得分情况(见表4.2)。

表4.2　　　　　　　　珠三角城市群各城市综合得分情况

城市	因子1综合得分 F_1	因子2综合得分 F_2	综合得分 F	排位
广州	4.2825	− 1.4891	2.2952	1
深圳	1.4266	0.4434	0.9898	2
珠海	0.3880	0.2723	0.3056	6
佛山	0.9251	− 0.2824	0.5052	4
惠州	1.0032	− 0.9973	0.3822	5

城市	因子 1 综合得分 F_1	因子 2 综合得分 F_2	综合得分 F	排位
东莞	1. 1026	− 0. 2985	0. 6113	3
中山	0. 4192	− 0. 0990	0. 2359	9
江门	0. 7630	− 0. 7199	0. 2999	7
肇庆	0. 8946	− 1. 1321	0. 2826	8

注：综合得分计算公式：$F = 0.6642 \times F_1 + 0.1637 \times F_2$。

从珠江三角洲城市群各城市的得分情况来看，广州、深圳 2 个城市得分排名靠前，这 2 个城市将在珠江三角洲城市群起着中心城市作用。在《粤港澳大湾区发展规划纲要》中也明确了这 2 个城市的中心作用。

4.3　城市群范围的确定

4.3.1　基于引力模型的城市群范围

引力模型可以计算出城市之间的空间联系强度，从而可以量化研究城市之间的空间联系强度。本小节将运用引力模型来计算城市之间的联系强度。本书借鉴已有的研究方法，采用城市之间的人流量作为衡量城市之间空间联系的主要指标。

4.3.1.1　城市之间的人流量分析

1. 指标选择与数据来源

城市之间的人流量并没有现成的数据，需要利用城市之间的交通客运数据进行计算。本书借鉴已有的方法（王维等，2006），计算公式为：

$$G = 365 \times \left[50 \times A + （4 \times B_1 + 2 \times B_2 + 0.5 \times B_3 + 0.5 \times B_4） \times 118 \right]$$

$$(4-1)$$

式中：G 表示城市之间的人流量；A 表示城市之间的长途客车量；B_1 表示出发城市为始发站，目标城市为终点站的列车班次，设定有 4 节车厢的乘客去目标城市；B_2 表示出发城市始发站，目标城市不是终点站的过境列车班次，设定 2 节车厢的乘客去目标城市；B_3 表示出发城市为非始发站，目标城市为终点站的列车班次，设定有 0.5 节车厢的乘客去目标城市；B_4 表示出发城市为非始发站，目标城市为非终点站的过境列车班次，设定其中有 0.5 节车厢的乘客去目标城市。设定一辆长途客车的载客量为 50 人，一节列车车厢满员为 118 人，高铁和动车二等车厢满员为 100 人。数据主要来源于 12306 网站和携程旅行网最新数据。

2. 城市群内部城市人流量分析

（1）长江三角洲城市群城市人流量分析。长江三角洲城市群发展水平相对较高，交通基础设施发达，城市之间的联系更加紧密，区域一体化现象更加明显。长江三角洲城市群城市之间的人流量情况见表 4.3。

表 4.3　　　　　　2023 年长三角城市群内中心城市与各城市
之间人流量情况　　　　　　单位：万人/年

城市	中心城市					
	上海	南京	杭州	宁波	合肥	苏州
上海	—	2501	1400	539	527	2501
南京	2501	—	514	184	270	945
无锡	1661	880	83	61	118	623
常州	1395	872	151	74	115	499
苏州	2289	945	195	71	148	—
南通	217	570	29	15	61	111
盐城	86	136	37	13	7	46
扬州	69	286	27	27	30	90
镇江	827	601	99	47	103	277
泰州	69	191	46	13	30	55
杭州	1400	514	—	354	256	195
宁波	539	184	354	—	126	71

续表

城市	中心城市					
	上海	南京	杭州	宁波	合肥	苏州
嘉兴	1000	162	543	235	13	123
湖州	119	278	325	86	40	20
绍兴	365	137	403	508	63	30
金华	622	133	363	127	57	27
舟山	203	4	261	515	0	37
台州	235	97	144	130	35	49
合肥	527	270	256	126	—	49
芜湖	168	273	149	88	200	139
马鞍山	146	248	24	7	77	84
铜陵	119	93	13	12	191	58
安庆	185	112	49	35	270	26
滁州	290	221	90	40	4	43
池州	112	82	17	31	93	84
宣城	96	46	165	111	99	36

资料来源：12306网站和携程旅行网。

从各城市之间的流量情况可以看出，以上海、杭州、南京、宁波、合肥、苏州为中心的都市圈城市之间的人流量非常大，而且跨省城市之间的人流量也很大。相对于其他城市群，长江三角洲各城市之间的人流量也非常大。总的来看，长江三角洲城市群各城市之间的人流量所呈现出的特征明显，即中心城市之间的人流量大于中心城市与其他城市之间的人流量。例如，上海与南京之间的人流量大于上海与南京都市圈其他城市之间的人流量，上海与杭州之间的人流量大于上海与杭州都市圈其他城市之间的人流量，上海与合肥之间的人流量大于上海与合肥都市圈其他城市之间的人流量，其他中心城市之间的人流量情况也是如此。各都市圈内部城市之间的人流量也非常大，没有出现城市之间人流量为0的现象。在交通基础设施比较完善的情况下，空间距离邻近的城市之间人流量比较大，例如，上海和嘉兴之间的人流量大于上海和宁波等城市之间的人流量，杭州与嘉兴、绍兴之间的人流量大于杭州与宁波之间的人流量，南京与芜湖、马鞍山、滁州之间的人流量与南京与合肥之间的人流量差不多。最后，可以看到，空间距离相隔太远的城市之间的直接人流量为 0，例如，盐城和池州、宣城之间的人流量；另外，舟山与大多数城市之间的直接人流量为 0，这主要和舟山特殊的地理位置有关，合肥城市圈的城市与舟山之间的通勤可能要在杭州等城市中转。

（2）珠江三角洲城市群城市人流量分析。珠江三角洲城市群交通基础设施发达，已经形成一体化交通网络，城市之间的联系紧密，区域一体化现象明显。珠江三角洲城市群中心城市与非中心城市之间的人流量情况如表 4.4 所示。

表 4.4　　　　　　2023 年珠三角城市群内中心城市与
非中心城市之间人流量情况　　　　单位：万人/年

城市	中心城市	
	广州	深圳
广州	—	3007
深圳	3007	—
珠海	1995	49
佛山	832	152
惠州	525	1092
东莞	1985	1517
中山	732	62
江门	615	30
肇庆	1584	151

资料来源：12306 网站和携程旅行网。

从珠江三角洲城市群各城市之间的人流量来看，中心城市与各城市的人流量非常大。中心城市广州、深圳与空间相邻的城市之间的人流量也非常大。例如，广州与各非中心城市之间的人流量都非常大，广州与相邻的佛山、东莞、肇庆之间的人流量非常大，深圳与相邻的惠州、东莞之间的人流量非常大。未来，随着深中通道、深茂铁路建成通车，深圳与珠江西岸之间的人流量将增加。

　　从上述分析可以看出，城市之间的空间距离越邻近、城市之间的交通基础设施连接越完善，城市之间的人流量越大，另外，中心城市之间、中心城市与非中心城市之间的人流量也很大。因此，可以判断，城市之间的空间邻近距离、城市之间的交通基础设施的完善程度[①]、城市综合实力等因素都会影响城市之间的人流量，进而影响城市之间的联系。

4.3.1.2　城市之间的联系强度分析

1. 变量选择与数据来源

　　计算城市之间的联系强度时，需要考虑促进城市之间联系的因素和阻碍城市之间联系的因素。

　　（1）影响城市间联系的质变量。传统的引力模型主要的"质变量"为 GDP 和总人口，这两个变量可以反映一个城市的综合实力。因此，在选择引力模型的"质变量"时，将综合考虑城市发展的因素。前文的理论推导中已经论述了传统的引力模型在测度城市之间联系时存在缺陷。城市之间的联系受多种因素的影响。促进城市之间联系的因素主要是城市的"质量"，阻碍城市之间联系的因素之一是城市的"经济距离"。城市的"质量"可以用城市的发展水平来表示。城市发展水平是一个综合指标，是多种因素综合作用的结果，不是单一或少数几个因素就能反映出来的（关晓光，刘柳，2014）。前面在确定中心城市时，已经选取了 13 个指标来分析城市的中心性，其实城市的中心性在一定程度上也是城市发展水平的综合表现，因此，这一部分继续用城市中心性数据来计算和分析城市发展水平。

　　数据主要来源于 2021 年的《中国城市统计年鉴》和 2021 年各城市的统计年鉴。

---

　　① 城市之间交通基础设施完善，拥有高速铁路、高速公路、普通铁路等基础设施连接，城市之间的人流通勤也会比较频繁，城市之间的人流量也会比较大。中心城市之间的人流量大，且中心城市与非中心城市之间的人流量比非中心城市之间的人流量大，因为中心城市的综合实力相对比较强，这也从另一个方面体现了城市综合实力对城市之间联系的影响。

（2）影响城市间联系的成本。随着交通基础设施的日益完善，城市之间的联系不再完全受制于城市之间的空间距离。城市之间的交通便捷性成为影响城市之间联系的主要因素之一，主要包括城市之间的通勤时间和通勤成本。目前，城市之间通勤的主要交通方式有高速铁路、普通铁路、高速公路、普通公路，不同交通方式有不同通勤时间和通勤成本。因此，考虑影响城市之间的联系成本时需要综合考虑各方面的因素。对于阻碍城市之间联系的因素，首要考虑的是城市之间的空间距离。随着交通基础设施的日益完善，很多城市之间已经实现了高速铁路、普通铁路和高速公路的互联互通，城市之间的通勤时间也开始缩短，因此，单纯考虑城市之间的空间距离作为影响城市之间联系的阻碍因素已经过于片面。除了空间距离外，还需要考虑其他因素。正如克里斯塔勒（2016）所言，在计算城市之间的联系时，考虑的距离应该是"经济距离"，而不是实际的空间距离。

目前，已有的计算城市之间"经济距离"的研究中，主要通过利用其他因素进行加权来确定经济距离。因为，随着交通基础设施的改善，各地之间的通勤时间将大大缩短，这对人口迁移会产生巨大的推动作用（马伟，王亚华，刘生龙，2012）。高汝熹和罗明义（1998）认为城市之间的直线距离一般采用铁路距离作为度量衡，将其权数确定为1，汽车的权重确定为1.2，轮船的权重确定为1.5。在各种交通方式的组合下，权重也会发生相应的变化，具体情况如表4.5所示。

表4.5　　　　　　　　　　　通勤距离修正系数

序号	交通方式组合	权重
1	火车	1
2	汽车	1.2
3	轮船	1.5
4	火车　汽车	0.7
5	火车　轮船	0.8
6	汽车　轮船	1.1
7	火车　汽车　轮船	0.5

2. 城市之间联系的计算

（1）长江三角洲城市群城市之间的联系。长江三角洲城市群内部交通基础设施已经形成一个发达的网络体系，经济联系日益紧密，城市群内各城市的联系强度数据如表4.6所示。

表4.6　　　　　长三角城市群内中心城市与各城市的联系强度

城市	中心城市					
	上海	南京	杭州	宁波	合肥	苏州
上海	—	0.0288	0.0354	0.0318	0.0116	0.0600
南京	0.0288	—	0.0104	0.0056	0.0135	0.0111
无锡	0.0325	0.0098	0.0119	0.0061	0.0045	0.0423
常州	0.0155	0.0088	0.0062	0.0033	0.0033	0.0114
苏州	0.0600	0.0111	0.0185	0.0099	0.0056	—
南通	0.0172	0.0063	0.0037	0.0026	0.0030	0.0136
盐城	0.0053	0.0052	0.0018	0.0012	0.0016	0.0040
扬州	0.0050	0.0120	0.0021	0.0012	0.0033	0.0043
镇江	0.0082	0.0126	0.0036	0.0020	0.0031	0.0061
泰州	0.0057	0.0071	0.0021	0.0013	0.0027	0.0046
杭州	0.0354	0.0104	—	0.0149	0.0064	0.0310
宁波	0.0318	0.0056	0.0149	—	0.0037	0.0138
嘉兴	0.0268	0.0041	0.0129	0.0067	0.0023	0.0213
湖州	0.0117	0.0037	0.0104	0.0032	0.0020	0.0073
绍兴	0.0168	0.0040	0.0239	0.0100	0.0025	0.0115
金华	0.0083	0.0030	0.0077	0.0043	0.0023	0.0064
舟山	0.0047	0.0013	0.0016	0.0041	0.0000	0.0000
台州	0.0088	0.0024	0.0036	0.0067	0.0017	0.0054
合肥	0.0116	0.0135	0.0064	0.0037	—	0.0105
芜湖	0.0061	0.0085	0.0038	0.0018	0.0050	0.0063
马鞍山	0.0045	0.0108	0.0026	0.0008	0.0022	0.0037
铜陵	0.0031	0.0029	0.0020	0.0010	0.0034	0.0017
安庆	0.0047	0.0036	0.0030	0.0010	0.0050	0.0044
滁州	0.0047	0.0137	0.0024	0.0013	0.0047	0.0058
池州	0.0024	0.0020	0.0016	0.0008	0.0026	0.0018
宣城	0.0040	0.0035	0.0030	0.0013	0.0021	0.0045

从中心城市与非中心城市之间的联系强度可以看出，在长江三角洲城市群，除了舟山因其特殊的地理位置以及合肥城市圈少数城市联系强度较低以外，其他各城市之间都存在一定程度的联系。由于长江三角洲各城市群交通基础设施非常完善，交通网络非常发达，因此，在空间距离邻近的城市之间的联系强度较大，综合实力强的城市之间联系强度也较大。这也为长江三角洲城市群建成世界级城市群的目标奠定了基础。

（2）珠江三角洲城市群城市之间的联系。从珠江三角洲城市群内部各城市之间的联系强度可以看出，各非中心城市与中心城市广州、深圳的联系非常紧密（见表4.7）。特别是广州作为省会城市，与各非中心城市的联系大于深圳与各非中心城市的联系。深圳与珠江西岸城市的联系都较小，是因为深圳与珠江西岸城市的交通联系不如广州与各城市之间的交通联系。未来，随着深中通道等交通基础设施的建成，深圳与珠江西岸城市的联系将不断增强。

表4.7　　　　　　　珠三角城市群内中心城市与各城市的联系强度

城市	中心城市	
	广州	深圳
广州	—	0.0305
深圳	0.0305	—
珠海	0.0100	0.0106
佛山	0.0828	0.0065
惠州	0.0107	0.0077
东莞	0.0385	0.0140
中山	0.0111	0.0068
江门	0.0155	0.0042
肇庆	0.0113	0.0023

4.3.1.3　经济隶属度计算与分析

前面的理论分析部分已经指出，通过对经济隶属度的计算分析，可以进一步分析城市之间联系强度的差异，以及各城市与中心城市之间的联系强度。这里主要计算分析中心城市与各城市之间的经济隶属度关系，因为各城市与中心城市的联系更加紧密，而且能体现出中心城市的辐射范围。从城市群内部各城市与中心城市隶属度的情况来看，经济隶属度关系与各城市与中心城市之间的联系强度存在基本一致的关系。

1. 长江三角洲城市群经济隶属度分析

一是都市圈内的城市与中心城市之间的经济隶属度较高（见表4.8）。在长江三角洲城市群，上海与苏州、无锡、嘉兴之间的经济隶属度较高，南京与无锡、常州、苏州、扬州、镇江、芜湖、马鞍山、滁州之间的经济隶属度较高，杭州与苏州、嘉兴、湖州、绍兴、金华之间的经济隶属度较高，宁波与嘉兴、绍兴、金华、台州的经济隶属度较高，合肥与芜湖、安庆、滁州之间的经济隶属度较高。

表 4.8　　长三角城市群内中心城市与非中心城市的经济隶属度关系

非中心城市	中心城市					
	上海	南京	杭州	合肥	宁波	苏州
无锡	0.0822	0.0530	0.0817	0.0344	0.0350	0.1445
常州	0.0456	0.0550	0.0822	0.0491	0.0365	0.0389
南通	0.0471	0.0371	0.0723	0.0662	0.0409	0.0464
盐城	0.0152	0.0319	0.0723	0.0662	0.0409	0.0138
扬州	0.0131	0.0668	0.0416	0.0742	0.0200	0.0146
镇江	0.0177	0.0580	0.0581	0.0561	0.0269	0.0208
泰州	0.0142	0.0378	0.0464	0.0672	0.0235	0.0157
嘉兴	0.0684	0.0221	0.0856	0.0409	0.0713	0.1059
湖州	0.0259	0.0176	0.1025	0.0480	0.0263	0.0471
绍兴	0.0440	0.0222	0.1632	0.0430	0.1105	0.0727
金华	0.0247	0.0192	0.0594	0.0804	0.0539	0.0249
舟山	0.0053	0.0032	0.0047	0.0000	0.0193	0.0392
台州	0.0248	0.0141	0.0262	0.0732	0.0787	0.0219
芜湖	0.0195	0.0585	0.0316	0.0857	0.0246	0.0000
马鞍山	0.0112	0.0572	0.0167	0.0295	0.0080	0.0184
铜陵	0.0057	0.0116	0.0098	0.0345	0.0080	0.0360

非中心城市	中心城市					
	上海	南京	杭州	合肥	宁波	苏州
安庆	0.0154	0.0250	0.0254	0.0884	0.0133	0.0215
滁州	0.0188	0.1161	0.0246	0.1001	0.0223	0.0125
池州	0.0062	0.0109	0.0107	0.0353	0.0090	0.0059
宣城	0.0134	0.0250	0.0264	0.0384	0.0180	0.0150

二是综合实力较强、空间距离邻近、交通基础设施连接完善的城市之间的经济隶属度也比较高。由表4.8可知，在长江三角洲城市群，上海与苏州、无锡之间的经济隶属度甚至大于南京与这些城市的经济隶属度，这无疑与上海与苏州、无锡之间的空间距离邻近、交通基础设施连接完备有关；南京与滁州之间的经济隶属度大于南京与江苏省其他城市之间的经济隶属度，与马鞍山之间的经济隶属度大于南京与无锡、常州之间的经济隶属度，这无疑与这些城市与南京的空间距离邻近、交通基础设施连接完备有关；杭州与苏州之间的经济隶属度大于杭州与其他城市的经济隶属度，合肥与苏州的经济隶属度也大于合肥与安徽的马鞍山、铜陵、池州等城市的经济隶属度，这除了与苏州的交通基础设施完备有关外，也与苏州的综合实力比其他城市强有关，这些城市与苏州的经济交往联系更紧密。

已有的研究通过城市之间的联系来确定城市群范围时，以经济联系隶属度10%、5%、1%、0.5%（刘耀彬，张安军，2009；余瑞林，刘承良，丁明军，2009；余瑞林，刘承良，2010）为临界点，即与中心城市的经济隶属度关系大于0.5%即划入城市群的范围。依据上述临界点，从本书计算的城市群各城市与中心城市的隶属度关系来看，有城市与中心城市的隶属度小于0.5%，例如，合肥与舟山之间并没有直接的联系。但在实践中，合肥与舟山都划入了长三角城市群的空间范围，但是合肥与舟山之间可能存在间接的联系，这种间接联系可能会通过杭州等其他城市发生。

2. 珠江三角洲城市群经济隶属度分析

从珠江三角洲城市群经济隶属度关系来看，各非中心城市与广州、深圳两大中心城市的经济隶属度都超过了 1%（见表 4.9），可见，从经济隶属度来看，珠江三角洲城市群包含的城市范围比较合理。从各非中心城市与中心城市的经济隶属度来看，空间邻近、交通联系紧密的城市之间经济隶属度高，例如，广州与佛山、东莞的经济隶属度较高，深圳与东莞、惠州、中山、珠海的经济隶属度较高，而珠海与广州在空间上并没有邻近，但是与广州的经济隶属度很高，这主要是因为广州与珠海的交通联系紧密；另外，珠海、中山与深圳之间虽然隔着珠江口，但是相互之间的交通联系有铁路、公路、航运等多种方式，加强了双方之间的联系。

表 4.9　　　　珠三角城市群内中心城市与非中心城市的经济隶属度关系

非中心城市	中心城市	
	广州	深圳
珠海	0.1867	0.1283
佛山	0.0888	0.0785
惠州	0.3443	0.0925
东莞	0.0986	0.1697
中山	0.0305	0.0825
江门	0.0288	0.0513
肇庆	0.0471	0.0280

上面分别分析了两大城市群各城市之间的联系强度，也验证了城市群的几个典型事实，即城市群内城市之间空间距离邻近、交通基础设施完好、中心城市辐射能力强，这些事实也会导致城市之间的联系加强。但是，也可以看到，有些城市之间并没有出现直接的联系，特别是外围城市与区域性中心城市，以及跨省行政区域的城市之间的联系强度很小，甚至可以忽略不计。这就与城市群的含义不相符。因此，还需要从其他角度来分析城市群范围，以对从城市之间的联系的角度分析城市群范围进行补充。

4.3.2　基于生态环境共治的视角界定城市群范围

第 3 章从理论上论述了从生态环境共治的角度确定城市群的范围。本小节将运用前文理论，结合相关生态环境共治的实践，从生态环境共治的角度对两大城市群的范围进行分析。

4.3.2.1 从生态环境共治视角界定城市群范围

1. 基于生态环境共治视角的长江三角洲城市群范围

长江三角洲城市群位于长江下游，北邻淮河与洪泽湖，南面是黄山、天目山和武夷山等构成的皖南—浙西—浙南生态屏障，西面是皖西大别山生态屏障，东面是滨海生态保护带和长江生态走廊。北部淮河与洪泽湖分布的城市包括合肥、滁州、盐城，大别山分布有安庆，皖南—浙西—浙南生态屏障分布有池州、宣城、杭州、金华、台州，东面滨海生态保护带分布的城市包括宁波、舟山、上海、南通、盐城，长江生态廊道分布的城市包括安庆、池州、铜陵、芜湖、马鞍山、南京、镇江、扬州、泰州、常州、无锡、苏州，另外，湖州与嘉兴地处苏州与杭州之间。可以说，整个城市群被一个包含陆系、水系和海洋的完整生态系统所围绕。

长江三角洲地区发展水平虽然较高，但生态环境的治理和保护仍面临较大的挑战与威胁。《长江三角洲城市群发展规划》指出，长江三角洲地区出现"生态系统功能退化，环境质量趋于恶化""太湖、巢湖等主要湖泊富营养化问题严峻，内陆河湖水质恶化""近岸海域水质呈下降趋势，海域水体呈中度富营养化状态""区域性灰霾天气日益严重"等一系列的生态环境问题。这一系列的生态环境问题并非出现于某一城市，或者某一区域，而是系统性出现。对这些生态环境问题的治理也不是某一城市就能有效治理的，需要分布于生态环境系统内的城市共同治理。各城市发展水平不同，对生态环境承载能力的需求就不同。发展水平高，且产业结构比较高端的城市，如上海、南京和杭州等城市，对生态环境承载能力的需求比较低；而其他一些城市由于产业结构不合理，工业仍以高能耗、高污染的行业为主，对生态环境承载能力的需求就比较高。然而，各生态环境都是连片分布的，分布于生态环境系统中的一个城市对生态环境承载力的过高需求，会影响到其他城市，这就有可能造成城市之间的空间冲突，造成区域负外部性，不能有效解决长江三角洲生态环境的保护和治理问题。如果城市之间组成一个城市联合体，即城市群，协调一致，共同开发和保护生态环境，实现生态环境联防共治，就可以使生态环境得到有效保护和开发。正如《长江三角洲城市发展规划中》所提出的"推动生态共建环境共治"，实现"外联内通共筑生态屏障"；"推动环境联防联治"，"深化跨区域水污染联防联治"。前面分析了长江三角洲生态环境系统中的城市分布情况，这些城市也是长江三角洲城市群的主要组成城市。对长江三角洲生态环境系统的分析可以看到，盐城既与淮安、宿迁、蚌埠、淮南共处同一生态环境系统，也与南通、上海等城市共处同一生态环境系统，而温州与台州、宁波、舟山、上海等城市共处同一生态环境系统，金华全境与衢州、丽水等城市共处同一生态环境系统，因此，从生态环境共治的角度来看，长江三角洲城市群合理的范围可以不纳入金华，但应该包括温州。2019 年 12 月中共中央、国务院印发的《长江三角洲区域一体化发展规划纲要》也把温州纳入了规划范围。

2. 基于生态环境共治视角的珠江三角洲城市群范围

从流域生态视角来看，珠江三角洲城市群分布在珠江两岸，珠江主要由西江、北江、东江，以及珠江三角洲其他河流组成。其中，西江流经云浮、肇庆、佛山三地，北江流经韶关、清远两地，东江流经河源、惠州、东莞三地，西江和北江在佛山相汇，进入珠江三角洲内河网，东江在东莞进入珠江三角洲。另外，佛山、江门、中山、珠海又处于同一珠江三角洲内河网水系。从陆地生态来看，珠江三角洲外围陆地生态与流域生态紧密联系，形成一体，西江上游是粤西北地区重要的生态屏障和水源涵养区，北江上游是珠江三角洲的主要生态屏障和重要水源地，东江上游是粤北重要的生态屏障，也是珠江三角洲重要的水源涵养区。从海洋生态来看，广州、深圳、中山、珠海、东莞同处于珠江口生态湾。

从生态环境体系来看，云浮、河源、韶关、清远四地与珠江三角洲城市群同处一个生态环境系统内，按照生态环境共治理念，四个城市应该纳入珠江三角洲城市群范围，但没有被纳入。可能的原因主要是基于如下考虑。一是按照主体功能区规划，西江、北江、东江上游是广东重点生态功能区，属于限制开发区域类型。2010 年国务院印发的《全国主体功能区规划》明确了南岭山地森林及生物多样性生态功能区为国家重点生态功能区，要求禁止非保护性采伐，保护和恢复植被，涵养水源，保护珍稀动物，并强调加强粤港澳大湾区水污染治理，改善生态环境。2018 年广东省政府发布的《广东省主体功能区规划》把北江上游、西江流域、东江上游划为省级重点生态功能区，并强调以保护和修复生态环境、提供生态产品为首要任务，严格控制开发强度。二是广东区域发展战略明确了韶关、梅州、清远、河源、云浮五市为广东北部生态发展区。2019 年广东省委和省政府印发的《关于构建"一核一带一区"区域发展新格局促进全省区域协调发展的意见》明确指出，韶关、梅州、清远、河源、云浮五市重点以保护和修复生态环境、提供生态产品为首要任务，严格控制开发强度，大力强化生态保护和建设，构建和巩固北部生态屏障。另外，广东"十四五"规划强调，严控北部生态发展区开发强度和产业准入门槛，提高生态安全保障和绿色发展能力。因此，云浮、河源、韶关、清远四地已经作为整体生态功能区，在生态环境共治方面实施统一治理。进一步分析发现，肇庆的广宁、封开、德庆属于省级重点生态功能区，因此，肇庆上述县可以不纳入珠江三角洲城市群。清远的连山、连南、连州、阳山、清新为省级重点生态功能区，但是清新属于清远主城区，因此清远的清城、清新、英德等县可以考虑纳入珠江三角洲城市群范围。

4.3.2.2 城市群生态环境共治的典型事实

1. 长江三角洲城市群生态环境共治实践

长江三角洲城市群属于跨省城市群，因此其生态环境共治中表现出省际参与共治的特点。例如，江苏和浙江两省参与共治澜溪塘流域水污染，江苏、上海、浙江和安徽四省市参与共治太湖水污染事件，等等。长三角城市群的生态环境共治主要表现以下特点：

第一，以政府联动为主，各利益主体共同参与。在参与共治的过程中，多级政府建立起跨区域的互动联系机制有利于发挥政府的主导作用。例如，澜溪塘流域水污染治理过程中，江苏和浙江两地政府建立了市、县、镇三级互动机制；太湖流域水污染治理过程中，也建立了多级政府之间的联系机制，这些联系互动机制包括信息联合披露制度、行政联合监察制度以及联席会议制度等，这些统一协调机制的建立，有利于协调政府之间的行动，有利于地方之间的集体行动协调一致。在政府的主导作用下，各利益主体也积极参与水污染的共治，形成了以政府主导为核心，企业、居民和非政府组织等多方积极参与的共同治理格局。

以政府为主体，建立跨区域的生态环境共治的联系机制，有利于建立一个利益共同体，避免因行政分割导致出现地方保护主义，防止因区域发展冲突带来的负外部性外溢。

第二，建立联席会议机制，互通信息有无。为治理澜溪塘流域的严重污染事件，江苏和浙江两省的三级政府和环保部门通过建立联席会议制度，分别加强了同级政府和环保部门的相互沟通与协商，互通水污染治理进程和水质变化情况，并始终保持热线联系。在太湖污染治理过程中，江苏、浙江、安徽和上海三省一市地方政府的环保部门和水利部门进行了沟通与合作，建立合作机制，各司其职、互通信息，治理污染；他们建立了太湖水污染治理的联席会议制度，与太湖管理局一起，共同监测太湖水质，并把信息及时报送给国务院和各地政府相关部门。

第三，建立统一的环保联合督查机制。苏州市吴江区和嘉兴市秀洲区为治理澜溪塘，同级政府间与环保部门之间建立了环保联合督查机制，由双方共同派出环境督查人员组成联合督查组，共同督查双方排污情况。对督查中发现的问题，双方共同协商采取相关措施进行治理。

2. 珠江三角洲城市群生态环境共治实践

与长江三角洲城市群不同，珠江三角洲城市群没有跨省的城市生态环境共治，主要是省内城市之间的生态环境共治。因此，珠三角城市群内部城市生态环境共治既可以依托省级层面的顶层设计建立生态环境共治机制，也可以是城市之间建立生态环境共治机制。

第一，从制度上明确生态环境共治。广东"十四五"规划强调，推进生态保护补偿机制先行先试，建立健全粤港澳大湾区生态环境保护协作机制。2022年10月广州市政府印发的《广清一体化"十四五"发展规划》提出加强生态环境共保共治，坚持生态保护优先，深入实施主体功能区战略，以建设北部生态发展区为核心，建立区域污染联合防控机制和生态补偿机制。为加强跨区域生态环保共治，2023年，珠海、中山、江门三地检察机关联合签订《关于加强生态环境和资源保护领域检察公益诉讼区域协作的意见》，深圳、惠州两地检察机关探索海洋生态环境保护跨区域合作机制，为跨区域生态环境共治提供司法保障。《广东省都市圈国土空间规划协调指引》明确提出"保证生态空间连通性，加强都市圈南部广佛跨界水网片区生态系统和广州、肇庆、清远北部连绵山体连通性"。珠西都市圈交界城市以水环境污染、大气污染、海湾和近岸海洋污染的联防联治为突破口，推进两地生态环境治理，协同保护，区域防灾减灾协作。

第二，建立信息共享机制。广州加强与佛山、清远联动，完善水环境监测网络，对交界河流进行加密监测，共享跨市交界水质监测信息，为交界河流的水环境整治提供科学依据。珠海市与中山市每月互相通报前山河流域水质监测断面信息。此外，珠海与香港、澳门也探索建立生态环境合作机制，开展大气环境监测合作、加强区域水环境联防共治。

第三，联合共治跨市河涌污染治理。广州分别与佛山、清远通过联合执法，推进区域生态环境共治。广州与佛山通过联合执法，整治两地交界区域河涌污染源；广州与清远通过联合执法、交叉检查等方式，联合治理交界河涌污染，同时不断完善交界区域联合治污、交界区域联合执法、异地交叉执法、限期整改跟踪等制度。此外，广州与东莞开展生态环境污染联合执法，整治交界区域环境违法行为，珠海与中山共同推进跨界区域水环境整治，深圳、惠州、东莞三地开展联合交叉执法，开展大气污染减排和水污染治理。

以上是两大城市群城市之间参与生态环境共治的典型案例，它们说明城市之间建立相关机制，参与生态环境共治能够有效地治理城市群的生态环境问题。

4.3.3　基于发展战略的视角

从发展战略的视角界定城市群范围，需要用超前眼光看待城市群的空间范围变化。因为，某一个或多个城市当前可能与已经确定的城市群，无论是经济联系还是区域生态环境共治，都关联不大，但是随着区域一体化的不断深入，城市与城市之间的交通基础设施不断完善，一些区域性的城市与城市群之间的联系将会逐渐紧密。因此，在确定城市群范围时，要充分考虑未来城市发展的趋势。接下来，本书从区域发展战略视角，分析界定长江三角洲、珠江三角洲两大城市群的范围；主要的分析内容是当前城市群内部各城市之间的交通联系，以及未来规划的交通基础设施有可能导致城市之间的联系进一步紧密。

4.3.3.1　基于发展战略视角的长江三角洲城市群范围界定

长江三角洲城市群经济发展基础较好，城市之间的铁路连接和公路连接水平高。目前，长江三角洲城市群形成了以上海、南京、杭州、合肥为枢纽的交通网络体系。例如，上海、南京、杭州、宁波四地已经实现了以水运、高速铁路、普通铁路、高速公路为主的交通网络体系；上海与嘉兴，杭州与湖州、绍兴、宁波、台州，以及杭州与金华，都实现了综合交通运输网络的互联互通；南京与镇江、常州、无锡、苏州、上海之间形成了高速铁路、普通铁路和高速公路等方式的互联互通；南京与马鞍山、芜湖、铜陵、池州、安庆之间也实现了高速铁路、普通铁路和高速公路等方式的互联互通，南京与合肥、滁州也实现了高速铁路、普通铁路及高速公路等方式的互联互通，南京通过宁杭高铁等方式与杭州实现了互联互通。南京与扬州、泰州、盐城之间通过高速公路和普通铁路等方式实现了互联互通，合肥与池州、铜陵、宣城之间没有铁路联系，仅有公路联系。可见，整个长江三角洲城市群的交通基础设施已经比较完善，城市之间的联系紧密度将进一步提升。

长江三角洲城市群的发展定位与成渝城市群、长江中游城市群、哈长城市群等其他城市群不同，《长江三角洲城市群发展规划》提出，要努力将长江三角洲城市群建设成为具有全球影响力的世界级城市群。借鉴当前发达国家城市群的经验，长江三角洲城市群要实现世界级城市群的目标，城市之间的联系需要更加紧密，中心城市的辐射和带动能力要更强，城市之间的联系效率要更高，这就要求长江三角洲城市群建设更加高效、便捷的交通网络体系。《长江三角洲城市群发展规划》提出要"构筑以轨道交通为主的综合交通网络"，因为轨道交通有快捷、高效和方便的特点，发达国家城市群建设也证明利用轨道交通加强城市之间的联系更有效。另外，《长江三角洲城市群发展规划》明确提出：要以上海为核心，南京、杭州、合肥为副中心，以高速铁路、城际铁路、高速公路和长江黄金水道为主通道的多层次综合交通网络；增强京沪高铁、沪宁城际、沪杭客专、宁杭客专等既有铁路的城际客货运功能；推进沪宁合、沪杭、合杭甬、宁杭、合安、宁芜安等主要骨干城际通道建设；规划建设上海—南通—泰州—南京—合肥、南通—苏州—嘉兴、上海—苏州—湖州、上海—嘉兴—宁波、安庆—黄山等铁路（含城际铁路），以及上海—南通跨江通道等城际通道，提高城际铁路对 5 万以上人口城镇、高等级公路对城镇的覆盖水平；着力打造上海国际性综合交通枢纽，加快建设南京、杭州、合肥、宁波等全国性综合交通枢纽，以及南通、芜湖、金华等区域性综合交通枢纽，提升辐射能力与水平；按照"零距离换乘，无缝化衔接"的要求，着力打造集铁路、公路、民航、城市交通于一体的综合客运枢纽；加快上海城市轨道交通网建设，提升中心城区地铁、轻轨网络化水平，建设连通中心城区和郊区城镇的市域（郊）铁路，适时研究延伸至苏州、南通、嘉兴等临沪地区；加快构建各都市圈同城化交通网，强化南京、杭州、合肥、苏州、宁波城市轨道交通网，推进无锡、常州等城市轨道交通主骨架建设，加快都市圈城际铁路（市域铁路）建设，形成中心城市与周边重要城镇间以轨道交通为骨干、公路交通为基础的交通网络；打通跨区域高速公路主通道、普通国省干线通道的"断头路"；等等。这一系列完善和提升长江三角洲城市交通网络体系的举措，将进一步提高城市群内部各城市之间的联系效率，也将有利于加强城市群与外部城市的联系，这样，不但能提高城市群内部核心城市的辐射和带动作用，还将提高整个城市群的对外辐射和带动作用。可见，从发展战略的角度考虑，未来城市群内部各城市的联系将更加紧密，把这些城市纳入城市群的范围是合理的。

综上分析，笔者认为长江三角洲城市群的合理范围应该包括 26 个城市：上海，江苏省的南京、无锡、常州、苏州、南通、盐城、扬州、镇江、泰州，浙江省的杭州、宁波、嘉兴、湖州、绍兴、温州、舟山、台州，安徽省的合肥、芜湖、马鞍山、铜陵、安庆、滁州、池州、宣城。

4.3.3.2 基于发展战略视角的珠江三角洲城市群范围界定

珠江三角洲城市群地处广东省内，由省内城市组成。珠江三角洲城市群城镇化水平高，已经超过 80%，位居全国前列。目前，珠江三角洲城市群交通网络发达，以广州、深圳为中心，以高铁、城际铁路为主，叠加公路、水运的多种交通方式相辅相成，形成了密集便捷的交通网络体系。随着横琴粤澳深度合作区的加快建设，珠海将成为珠江三角洲西岸的中心城市，整个珠江三角洲城市群将形成以广州、深圳、珠海为中心城市的世界级城市群。根据《广东省都市圈国土空间规划协调指引》明确的都市圈范围，珠江三角洲城市群可以认为是由广州都市圈、深圳都市圈、珠西都市圈组成①。

从各城市群交通网络联系来看，广州到各城市都实现了城际铁路、高铁联系，但是广州与肇庆还没有实现城际铁路通联，主要是以高铁为主，而且与肇庆封开只有公路联系。深圳与惠州、东莞开通了城际铁路联系，但是与珠江三角洲西岸城市仅有少量高铁通联，没有城际铁路通联。另外，广州与清远不但实现了高铁通联，也开通了广清城际铁路。未来，随着《粤港澳大湾区发展规划纲要》等一系列政策深入实施，粤港澳大湾区的城市群交通和经济联系将更加紧密。

《粤港澳大湾区发展规划纲要》提出"依托以高速铁路、城际铁路和高等级公路为主体的快速交通网络与港口群和机场群，构建区域经济发展轴带，形成主要城市间高效连接的网络化空间格局。更好发挥港珠澳大桥作用，加快建设深（圳）中（山）通道、深（圳）茂（名）铁路等重要交通设施，提高珠江西岸地区发展水平，促进东西两岸协同发展"，"构筑大湾区快速交通网络。"其中，深（圳）中（山）通道通车，将进一步加强深圳与中山、江门的联系，并间接加强深圳与珠海的联系，深圳对中山、江门的辐射带动作用将进一步增强；深（圳）茂（名）铁路经过东莞、中山、江门，深圳与中山、江门的直接联系以及与珠海的间接联系也将进一步加强。另外，广汕高铁经过惠州，这样，广州与惠州的联系也将进一步加强。《广清一体化"十四五"发展规划》提出，"形成多方式、多层次、一体化的互联互通系统，建成以京广高铁、广清城际、广清高速为主骨架的 1 小时交通圈""清远南部地区与粤港澳大湾区基本实现交通一体化，形成'半小时通勤圈'和'1 - 2 - 3 工作圈'"。《广东省都市圈国土空间规划协调指引》

---

① 根据《广东省都市圈国土空间规划协调指引》明确的各都市圈范围，广州都市圈聚焦广州市、佛山市全域，以及肇庆市的端州区、鼎湖区、高要区、四会市，清远市的清城区、清新区、佛冈县；深圳都市圈聚焦深圳市（含深汕合作区）、东莞市全域，以及惠州市的惠城区、惠阳区、惠东县、博罗县；珠西都市圈聚焦珠海、中山、江门三市全域；汕潮揭都市圈聚焦汕头、潮州、揭阳三市全域；湛茂都市圈聚焦湛江、茂名两市全域。

提出，广州都市圈构建以轨道交通为骨干的 1 小时通勤圈，推动佛穗莞城际、芳白城际、广花城际及其北延线、南珠中城际、肇清从城际的建设；深圳都市圈围绕深圳都市圈多中心分布式的空间结构，以高速铁路、城际铁路、市域（郊）快线的复合交通走廊为骨架，形成"三横四纵"的网络综合交通格局；珠西城市圈构建互联互通的城际铁路网络，织密都市圈城际轨道网，促进珠中江地区快速联系，加快推进中南虎城际、南沙至珠海（中山）城际、云江城际、珠阳城际等项目的研究与建设，鼓励发展市域（郊）铁路。

从未来经济联系来看，《广清一体化"十四五"发展规划》提出，高水平建设国家城乡融合发展试验区广清接合片区，优先推进广州和清远两地基础设施一体化、强化产业一体化等。《广东省都市圈国土空间规划协调指引》明确了各都市圈内部产业分工和协调体系。例如，广州都市圈要加强广清、佛肇和跨省边界地区产业深度对接，重点推动清远南部重大产业平台与广州协作；深圳都市圈以深圳前海、福田、罗湖、南山为主中心，东莞和惠州主城为副中心，形成金融服务、生产性服务、商业商务等现代服务业体系，沿深圳—东莞和深圳—惠州边界，自西向东构建湾区科创头部企业与现代服务业节点、国家综合性科学创新中心节点、湾区制造总部技术转换节点与湾区先进制造产城融合节点。珠西都市圈共建粤港澳大湾区（珠西）高端产业集聚发展区，高水平建设珠海—江门、中山省级大型产业集聚区。可见，未来都市圈内部的经济联系将进一步加强。

综上分析，珠江三角洲城市群的合理范围应该包括：广州、深圳、佛山、中山、珠海、江门、东莞、惠州，以及肇庆的端州、鼎湖、高要、四会四地，清远的清城、清新、英德、佛冈四地。

4.4　城市群内部城市规模分布

从城市群的定义来看，城市群内部城市呈现一定规律的等级规模分布特征，这种等级规模分布特征表现在经济、人口等多个维度。接下来，本书从多个维度对长江三角洲、珠江三角洲城市群的城市等级规模进行验证。

4.4.1 两大城市群城市规模的空间分布特征

4.4.1.1 从行政体系和人口规模看待城市规模空间分布特征

城市的规模在一定程度上反映城市的行政等级，行政级别高的城市其规模也相对较大。根据我国的城市行政等级划分标准，城市群内的城市行政等级可分为四个层级：直辖市、副省级城市、省会（首府）城市、地级市。长江三角洲城市群的行政等级体系如表4.10所示。

表4.10　　　长三角和珠三角两大城市群内部城市行政等级体系

城市群	城市层级	行政等级	城市数量	城市名称
长江三角洲城市群	1	直辖市	1	上海
	2	副省级城市	3	南京、杭州、宁波
	3	省会城市	1	合肥
	4	地级市	21	无锡、常州、苏州、南通、扬州、镇江、泰州、盐城、嘉兴、湖州、绍兴、金华、舟山、台州、芜湖、马鞍山、铜陵、安庆、滁州、池州、宣城
珠江三角洲城市群	1	副省级城市	2	广州、深圳
	2	地级市	8	珠海、佛山、惠州、东莞、中山、江门、肇庆（端州、鼎湖、高要、四会）、清远（清城、清新、英德、佛冈）

从城市群内部城市行政等级体系来看：在长江三角洲城市群中，直辖市上海，副省级城市南京、杭州和宁波，省会城市合肥，这5个城市作为城市群中心城市辐射和带动整个城市群发展；21个地级市作为区域性中心和重要节点城市，也是城市群发展不可缺少的部分。在珠江三角洲城市群中，包含两个副省级城市广州和深圳，这两个城市是珠江三角洲城市群的中心城市，辐射和带动整个城市群发展，其他8个城市作为城市群的重要组成部

分，积极参与城市群合理分工，与中心城市协同发展。

接下来，根据城市人口规模，对城市等级做进一步划分。按照两大城市群内部各城市 2020 年人口数据，根据《国务院关于调整城市规模划分标准的通知》把两大城市群内部各城市的规模进行划分，结果如表 4.11 所示。

表 4.11　　　　长三角和珠三角两大城市群内部城市规模等级体系　　　单位：个

城市人口规模	城市数量	
	长江三角洲城市群	珠江三角洲城市群
超大城市（1000 万人以上）	2	2
特大城市（500 万~1000 万人）	1	3
Ⅰ型大城市（300 万~500 万人）	2	2
Ⅱ型大城市（100 万~300 万人）	13	3
中等城市（50 万~100 万人）	7	0
小型城市（50 万人以下）	1	0

根据人口规模划分来看，长江三角洲城市群内部城市等级规模分布比较均衡。从城市规模数量结构来看，长江三角洲城市群内部城市等级规模分布比较合理，但小型城市只有 1 个。

根据人口规模划分来看，珠江三角洲城市群内部城市等级规模分布比较均衡，超大城市、Ⅰ型大城市各 2 个，特大城市 3 个。从城市规模数量结构来看，珠江三角洲城市群内部城市等级规模分布比较合理，但没有中等城市和小型城市。

4.4.1.2　两大城市群城市等级规模分形特征分析

国内已有研究中，有些采用首位城市规模、城市首位度、4 城市指数、11 城市指数以及变差系数和偏态系数等相关统计指标来研究城市群的规模分形特征。苏飞和张平宇（2010）运用首位度指数、2 城市指数、4 城市指数等指标研究了辽中南等城市群的城市等级规模分形特征；盛科荣等（2013）构建了首位城市规模、首位度、4 城市指数、变差系数和偏态系数 5 个指标分析 57 个国家城市规模分布的多维度特征；王振坡等（2015）用首位城市规模、城市首位度、4城市指数、11城市指数以及变差系数和偏态系数研究了京津冀城市群城市规模分布特征。本书将运用首位城市规模、城市首位度、4城市指数、11城市指数以及变差系数和偏态系数分析长江三角洲、珠江三角洲两大城市群城市规模分布的均衡程度和综合特征。

在正式分析之前，先对上述指标进行简单的介绍。首位城市是指城市群范围内人口规模最大的城市。城市首位度表示在城市群中，要素在最大城市的集中程度，一般用首位城市与第二位城市的人口规模之比来衡量。4城市指数是延续首位城市指数，用首位城市人口与第2位城市、第3位城市、第4位城市人口数总和之比来衡量，11城市指数用首位城市人口数与第2～第11位城市人口总数之比再乘以2来表示。变差系数就是城市群内部城市人口数的标准差与平均值之比，偏态系数用平均值与中位数之差再与标准差的比率来衡量。

本小节主要选取两大城市群2021年各城市市区常住人口数据进行计算分析。数据来源于2021年《中国城市统计年鉴》和2021年各城市统计年鉴。具体结果见表4.12。

表4.12　　长三角、珠三角两大城市群城市等级规模分形特征指标比较

城市群	首位城市规模（万人）	城市首位度	4城市指数	11城市指数	变差系数	偏态系数
长江三角洲城市群	2488	2.2916	0.8047	1.6752	1.2798	2.9400
珠江三角洲城市群	1874	1.3945	0.7511	—	0.7473	1.0613

从表4.12中可以看到，在长江三角洲城市群，城市首位度为2.2916，说明长江三角洲城市群首位度较高，长江三角洲城市群各等级城市规模分布差距明显。长江三角洲城市群人口主要分布在上海、南京、杭州、苏州等中心城市，首位城市发展程度比较高，人口分布比较集中，这些中心城市的极化效应比较明显。从变差系数和偏态系数来看，长江三角洲城市群变差系数和偏态系数都相对较高，分别为1.2798和2.9400，反映出城市群内部差距比较明显，各城市偏离平均值较多，城市群内部发展不平衡现象

较明显。另外，长江三角洲城市群 4 城市指数和 11 城市指数值相对较小，其他指标数值较大，说明长江三角洲城市群首位城市发展较好，且各城市偏离平均值较多。

在珠江三角洲城市群，城市首位度为 1.3945，4 城市指数为 0.7511，说明珠江三角洲城市群结构比较合理，城市规模集中适当，这主要是因为广州和深圳两个超大城市规模相当，而且对其他城市不存在明显的极化效应。从变差系数和偏态系数来看，珠江三角洲城市群变差系数和偏态系数都相对较低，分别为 0.7473 和 1.0613，反映出城市群内部各城市规模偏离平均值较少，城市群内部发展比较平衡。

4.4.2　两大城市群的位序 – 规模分布

本部分将从实证的角度分析长江三角洲、珠江三角洲两大城市群内部城市位序 – 规模分布特征。齐普夫（Zipf，1949）最早提出将位序 – 规模法则用于研究城市位序 – 规模。而后，有大量学者开始使用齐普夫所提出的位序 – 规模法则分析城市位序 – 规模特征分布，并把齐普夫所提出的位序 – 规模法则称为齐普夫法则。加贝克斯（Gabaix，1999）利用齐普夫法则检验了美国都市统计区（MSA）的位序 – 规模分布特征，并对齐普夫法则做进一步的拓展，解释了城市呈现位序 – 规模分布特征的原因。苏（Soo，2005）利用 73 个国家的数据检验了齐普夫法则的有效性，用 OLS 估计方法估计的帕累托指数结果显示城市位序 – 规模分布呈现稳健的标准分布，而用 Hill 估计方法估计的结果表明城市位序 – 规模分布呈现出双峰分布的特征；该文献对产生这两种结果的原因进行了解释。

谈明洪等（2004）、赵春艳（2007）、沈体雁等（2012）分别运用分形理论、帕累托最优理论等从人口、经济、城市用地面积等多个方面分析了城市规模分布的特征。余吉祥等（2013）基于全国人口普查数据，在对城市人口统计口径进行详细探讨的基础上，使用齐普夫回归方法研究发现：

随着城市化政策在 2000 年前后的调整，中国城市规模分布的演进趋势经历了从分散化发展到集中化发展的转变，而且，已有的基于"市区非农业人口"的研究低估了中国城市规模分布的集中度。劳昕等（2015）引入国外研究中用于划分城市界线的新方法——城市聚类算法，对中国微观空间数据进行处理，以得到的功能性城市组团作为研究对象，根据齐普夫定律对中国城市规模分布进行分析，结果表明中国城市规模分布基本上服从齐普夫定律。童玉芬等（2023）结合城市体系位序－规模法则中的齐普夫标准分布指数，测算了基于城市群人口空间格局优化目标的长三角城市群的其余城市人口规模。本书借鉴已有研究的思路，主要从城市人口规模、城市经济规模和城市空间规模三个角度进行分析。选择这三个角度分析的原因是，一定的城市经济规模需要一定的人口规模，而一定的人口规模需要一定的城市空间规模来支撑。

4.4.2.1 模型和方法介绍

当前，主要用齐普夫定律来描述城市位序－规模分布。根据齐普夫定律，在一个国家或区域内，给定任意一个城市，其比例大于一个给定 S 的概率为：

$$P(size > S) = \frac{a}{S} \qquad (4-2)$$

式中，S 表示某一城市某一项指标占区域或国家该项指标总量的比例，a 是一个常数，即齐普夫维数值。如果规模在 S 以上的城市有 1 个，那么规模在 $S/2$ 以上的城市就应该有 2 个，进一步可以理解为一个城市的某项指标排名和该城市的该项指标总数的乘积应该等于一个固定值。

进一步，在一个一体化的城市体系内部，城市位序－规模分布可以表示为：

$$p_r = \frac{p_l}{r^a} \qquad (4-3)$$

式中，p_r 表示第 r 位城市的某项指标（如人口、经济、空间），p_l 表示城市体系内最大城市的某项指标（如人口、经济、空间），r 表示 p_r 城市的位序，a 表示齐普夫维数值。因此，可以得出，在一个城市体系内，第二位城市某项指标是最大城市某项指标的一半，第三位城市是第一位城市的 1/3，以此类推。这样的位序 – 规模分布的图解点描述在双对数坐标图上时，变成一条斜率为 – 1 的直线。当 $a < 1$ 时，表示高位城市不突出，中小城市发展较好；当 $a > 1$ 时，表示城市规模分布比较集中，高位城市很突出；当 $a = 1$ 时，最大城市与最小城市某项指标数量之比恰好为整个城市体系的城市数目，这种情况符合齐普夫定律；当 a 趋向于 0 时，城市规模相同。

对式（4 – 2）两边分别取自然对数，可以得到位序 – 规模法则的检验表达式，通过对表达式进行估计可以得到 a 的值。检验表达式如下：

$$\ln p_r = \ln p_l - a\ln r + \varepsilon \tag{4 - 4}$$

接下来，选取两大城市群内部各城市的人口、经济和空间三个方面的数据检验两大城市群的位序 – 规模分布。数据来源于 2021 年《中国城市统计年鉴》和各城市 2021 年的统计年鉴。

4.4.2.2　长江三角洲城市群位序 – 规模分布

1. 人口规模分布特征

长江三角洲城市群人口位序 – 规模分布如图 4.3 所示。从长江三角洲城市群的人口规模分布回归结果来看，长江三角洲城市群回归方程的可决系数 R^2 大于 0.8，为 0.9681，这表明回归方程的拟合优度比较好，可见，长江三角洲城市群人口规模分布具有明显的分形特征。长江三角洲城市群的齐普夫维数值为 1.2006，大于 1，这表明与齐普夫法则的理想状态相比，长江三角洲城市群人口规模分布相对比较均衡。长江三角洲虽然有上海这种超大型城市，但上海周边的南京、杭州和宁波等发展也相对较好，具有一定的人口承载力，长三角城市群中，Ⅱ型大城市有 13 个，中等城市有 7 个。

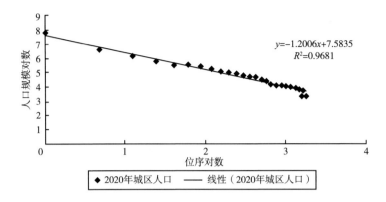

图 4.3 长三角城市群人口位序 – 规模回归分析

2. 经济规模分布特征

利用位序 – 规模分析模型，选取长江三角洲城市群各城市 GDP 与城市位序进行回归，检验长江三角洲城市群经济规模分布特征。具体如图 4.4 所示。

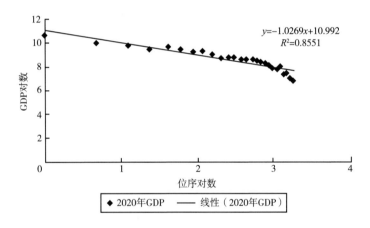

图 4.4 长三角城市群经济位序 – 规模回归分析

从图 4.4 的回归结果来看，回归方程的可决系数 R^2 为 0.8551，表明方程拟合优度较好。长江三角洲城市群的齐普夫维数值为 1.0269，大于 1，这表明与齐普夫法则的理想状态相比，城市群内部经济规模分布比较均衡。如图 4.5 所示，在城市群内部，除上海经济规模一枝独秀外，其他等级城市经济规模比较接近，如南京、杭州比较接近，宁波、无锡接近，合肥、南

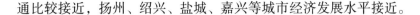

通比较接近，扬州、绍兴、盐城、嘉兴等城市经济发展水平接近。

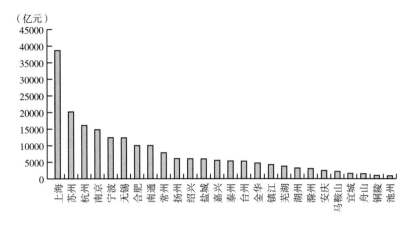

图 4.5　长三角城市群各城市 GDP 分布情况

3. 空间规模分布特征

选取长江三角洲城市群内部各城市城区面积与城市位序进行回归，以检验城市群空间规模分布情况。回归结果如图 4.6 所示。

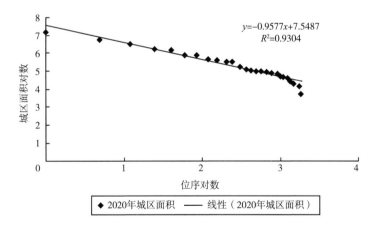

图 4.6　长三角城市群城市空间位序－规模回归分析

从各城市空间位序－规模的回归结果来看，回归方程的可决系数 R^2 为 0.9304，表明各方程的拟合优度较好，说明长江三角洲城市群内部各城市空间规模分布具有明显的分形特征。从齐普夫维数值来看，长江三角洲城市群的齐普夫维数值为 0.9577，小于 1，这表明长江三角洲城市群内部城市空间规模分布比较集中，表现为大城市空间规模大。例如，2020 年，中心城市上海城市建成区面积达到 1238 平方千米①，远大于其他城市建成区面积。

4.4.2.3 珠江三角洲城市群位序－规模分布

1. 人口规模分布特征

珠江三角洲城市群人口位序－规模分布回归结果如图 4.7 所示。从珠江三角洲城市群的人口规模分布回归结果来看，回归方程的可决系数 R^2 大于 0.8，为 0.93，这表明回归方程的拟合优度比较好，说明珠江三角洲城市群人口规模分布具有明显的分形特征。珠江三角洲城市群的齐普夫维数值为 1.0612，大于 1，这表明与齐普夫法则的理想状态相比，珠江三角洲城市群人口规模分布相对比较均衡。例如，超大城市广州、深圳人口规模接近，特大城市东莞、佛山人口规模接近，其他城市人口规模接近。

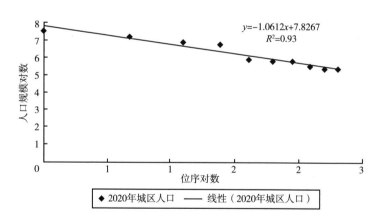

图 4.7　珠三角城市群人口位序－规模回归分析

2. 经济规模分布特征

利用位序－规模分析模型，选取珠江三角洲城市群各城市 GDP 与城市

---

① 资料来源于 2021 年的《中国城市统计年鉴》。

位序进行回归，检验珠江三角洲城市群经济规模分布特征。回归结果如图 4.8 所示。

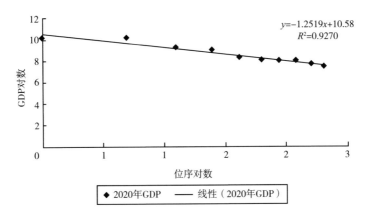

图 4.8 珠三角城市群经济位序 – 规模回归分析

从图 4.8 的回归结果来看，回归方程的可决系数 R^2 为 0.9270，表明方程拟合优度较好。珠江三角洲城市群的齐普夫维数值为 1.2519，大于 1，这表明与齐普夫法则的理想状态相比，城市群内部经济规模分布比较均衡。如图 4.9 所示，在城市群内部，除广州、深圳经济规模接近，其他等级城市经济规模也比较接近，如佛山、东莞经济规模比较接近，惠州、珠海、江门、中山、肇庆等城市经济规模接近。

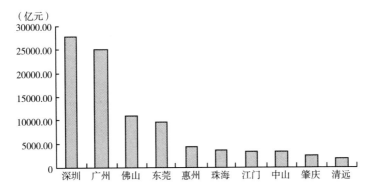

图 4.9 珠三角城市群各城市 GDP 分布情况

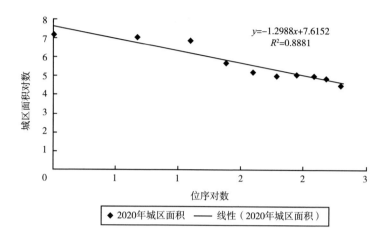

$$y=-1.2988x+7.6152$$
$$R^2=0.8881$$

图 4.10 珠三角城市群城市空间位序-规模回归分析

3. 空间规模分布特征

从各城市空间位序-规模的回归结果来看，回归方程的可决系数 R^2 为 0.8881，表明回归方程的拟合优度较好，说明城市群内部各城市空间规模分布具有明显的分形特征。从齐普夫维数值来看，珠江三角洲城市群的齐普夫维数值为 1.2988，大于 1，这表明珠江三角洲城市群内部城市空间规模分布相对分散。

综上所述，把城市群内部城市人口规模、经济规模、空间规模三个方面的数据与城市位序进行回归，发现各回归方程的拟合优度均较好，表明各城市群的人口、经济和空间规模分布呈现一定的规律性，城市群分布表现出一定的分形特征。从城市群的具体情况来看，长江三角洲城市群人口规模、经济规模分布相对均衡，而空间规模分布相对集中；珠江三角洲城市群人口规模、经济规模分布相对均衡，空间分布呈现分散特征。

4.5　城市职能互补分析

借鉴迪朗丹和普加（Duranton & Puga, 2005）、贝德等（Bade et al.,

2004）、赵勇和白永秀（2012）的思路，以该城市"企业管理人员/生产人员"与城市群"企业管理人员/生产人员"之比来构建一个区位熵指数测度城市群内部城市功能分工或功能专业化水平。具体的区位熵计算公式如下：

$$L_i = \frac{\sum\limits_{k=1}^{N} q_{ikt}(m) \Big/ \sum\limits_{k=1}^{n} q_{ikt}(p)}{\sum\limits_{k=1}^{N}\sum\limits_{i=1}^{M} q_{ikt}(m) \Big/ \sum\limits_{k=1}^{N}\sum\limits_{i=1}^{M} q_{ikt}(p)} \qquad (4-5)$$

式中，$\sum\limits_{k=1}^{N} q_{ikt}(m)$ 表示城市 i 在时期 t 所有产业 k 的管理人员的从业人数，$\sum\limits_{k=1}^{n} q_{ikt}(p)$ 表示城市 i 在时期 t 所有产业 k 的生产制造人员的就业人数，$\sum\limits_{k=1}^{N}\sum\limits_{i=1}^{M} q_{ikt}(m)$ 表示在时期 t 整个城市群所有产业 k 的管理人员从业人数，$\sum\limits_{k=1}^{N}\sum\limits_{i=1}^{M} q_{ikt}(p)$ 表示在时期 t 整个城市群所有产业 k 的生产制造业人员从业人数。区位熵指数的含义为：当 $L_i > 1$ 时，表示在整个城市群范围内管理部门在该城市相对集中，表明该城市的功能专业化程度较高；当 $L_i < 1$ 时，表示在整个城市群范围内生产制造业部门在该城市相对集中，表明该城市的功能专业程度较低，当 $L_i \rightarrow 0$ 时，表示该城市的生产制造部门集中程度非常高，表明该城市的功能专业化程度非常低。

本节利用区位熵指数来分析城市群内部城市职能分工和产业专门化情况。计算区位熵指数涉及的行业为采掘业，制造业，电力煤气及水生产供应业，建筑业，交通仓储邮电业，信息传输、计算机服务和软件业，批发零售贸易业，住宿餐饮业，金融业，房地产业，租赁和商业服务业，科研、技术服务和地质勘查业，水利、环境和公共设施管理业，居民服务和其他服务业，教育业，卫生、社会保险和社会福利业，文化、体育和娱乐业，公共管理和社会组织业等 18 个行业的就业人数。数据主要来自 2006 年、2015 年、2021 年的《中国城市统计年鉴》。

4.5.1 长江三角洲城市群内部城市职能分工

利用式（4-4）计算长江三角洲城市群内部城市的职能分工指数，具体结果如表4.13所示。

表4.13 长三角城市群内部各城市功能分工指数

序号	城市	2005 年	2014 年	2020 年
1	上海	1.9661	2.2258	3.2552
2	南京	0.5983	1.0726	1.6327
3	无锡	0.3997	0.1994	0.3510
4	常州	0.2469	0.3113	0.2725
5	苏州	0.1389	0.2371	0.1851
6	南通	0.2893	0.4878	0.3789
7	盐城	0.4605	0.2553	0.9217
8	扬州	0.2413	0.4804	0.5534
9	镇江	0.6553	0.5721	0.4241
10	泰州	0.4300	0.1855	0.2958
11	杭州	1.2259	1.1822	0.7202
12	嘉兴	0.2744	0.4068	0.6563
13	湖州	0.0731	0.4535	0.2484
14	舟山	0.8961	1.4215	0.4505
15	金华	0.7032	0.7029	0.9100
16	绍兴	0.2019	0.2616	0.4640
17	台州	1.0676	0.3222	0.1590
18	宁波	0.6131	0.8225	1.4260
19	宣城	2.8442	1.6361	0.5666
20	滁州	0.2243	0.2450	0.1007
21	池州	2.1656	0.5305	0.8702
22	合肥	0.3538	0.4528	0.6069
23	铜陵	0.1439	0.1977	0.3504
24	马鞍山	0.1144	0.3811	0.4849
25	芜湖	0.1478	0.1590	1.2671
26	安庆	0.3148	0.2154	0.3302

从表 4.13 中可以看到，2005 年，上海、杭州、台州、池州、宣城等城市的功能分工指数大于 1，其他城市的功能分工指数都小于 1，表明管理部门在这些城市相对集中，这些城市的功能专业化程度相对较高，其他城市的生产制造业部门相对集中，城市的功能专业化程度相对较低。2014 年，上海、南京、杭州、温州、舟山、宣城等城市的功能分工指数大于 1，其他城市的功能分工指数都小于 1，表明管理部门在这些城市相对集中，城市功能专业化程度相对较高。2020 年，上海、南京、宁波、芜湖等城市的功能分工指数大于 1，表明管理部门在这些城市相对集中，城市功能专业化程度相对较高。

从变化趋势来看（见图 4.11），上海、南京、宁波、合肥、盐城、扬州、嘉兴、金华、绍兴、铜陵、马鞍山、芜湖等城市功能分工指数呈上升趋势，上海、南京这两中心城市的功能分工指数相对于其他城市有绝对的优势。

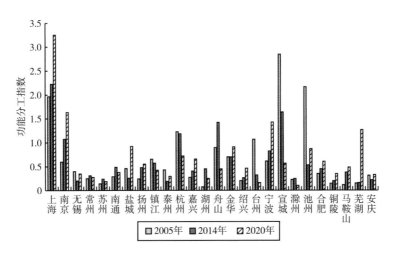

图 4.11　长三角城市群内各城市 2005 年、2014 年、2020 年功能分工指数走势

可以看出，在长江三角洲城市群内部，管理部门呈现向上海、南京、宁波等中心城市集中的趋势，生产制造业向其他城市集中的趋势，这表明长江三角洲城市群正向着合理分工的趋势发展。

4.5.2　珠江三角洲城市群内部城市职能分工

利用式（4-4）计算珠江三角洲城市群内部城市的职能分工指数，具体结果如表4.14所示。

表 4.14　　　　　　　　珠三角城市群内部城市功能分工指数

序号	城市	2005 年	2014 年	2020 年
1	广州	1.5633	3.8144	3.4414
2	深圳	1.7157	1.4127	0.9041
3	珠海	0.3798	0.7781	1.3580
4	佛山	0.7793	0.2718	0.5075
5	惠州	0.2519	0.2105	0.4579
6	东莞	0.3357	0.3259	0.3882
7	中山	0.3631	0.2827	0.3932
8	江门	0.3978	0.2771	1.3769
9	肇庆	0.5433	0.3549	1.3445
10	清远	0.2697	0.1955	1.5043

从表4.14中可以看到，2005年，广州和深圳的功能分工指数大于1，其他城市的功能分工指数都小于1，表明管理部门在广州、深圳相对集中，功能专业化程度相对较高，其他城市的生产制造业部门相对集中，城市的功能专业化程度相对较低。2014年，仍然是广州和深圳的功能分工指数大于1，其他城市的功能分工指数都小于1，表明管理部门仍在广州、深圳相对集中，城市功能专业化程度相对较高。2020年，广州、珠海、江门、肇庆、清远等城市的功能分工指数大于1，表明管理部门在这些城市相对集中，城市功能专业化程度相对较高，同时也说明这些城市的制造业发展相对薄弱。

从变化趋势来看，珠海、惠州、江门、肇庆、清远等城市功能分工指数呈上升趋势，其他城市呈下降趋势，表明珠海、惠州、江门、肇庆、清远五市第三产业发展速度相对较快，而且城市制造业发展速度相对较慢。因此，在珠江三角洲城市群内部，管理部门呈现向广州、珠海等中心城市集中的趋势，生产制造业呈现向其他城市集中的趋势。各城市功能分工指数如图 4.12 所示。

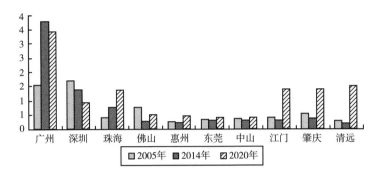

图 4.12　珠三角城市群内各城市 2005 年、2014 年、2020 年功能分工指数走势

4.6　本章小结

本章利用前文所构建的分析城市群范围的理论框架分析了长江三角洲、珠江三角洲两大城市群的范围。首先，利用中心城市理论构建了确定中心城市的指标体系，检验的结果与各个城市群规划文本中确定的中心城市和确定的各等级城市名目基本一致。其次，利用前文分析界定城市群空间范围的理论框架分析了长江三角洲城市群和珠江三角洲城市群的空间范围，计算和分析了各城市群内部城市之间的人流量以及城市之间的联系强度，结果表明，有些非中心城市之间并没有直接的联系，有些城市之间的联系强度很小，这也说明单纯从城市之间的联系来确定城市群的空间范围还存在一定的不足，还需要从生态环境共治和区域发展战略的角度来弥补从城市群联系强度角度分析城市群空间范围的不足。再其次，从城市群生态环境共治和区域发展战略的角度对长江三角洲城市群和珠江三角洲城市群范围做进一步的分析，研究认为：温州应该纳入长江三角洲城市群，而金华可以不纳入；肇庆的广宁、封开、德庆可以不纳入珠江三角洲城市群，清远的清城、清新、英德、佛冈可以纳入珠江三角洲城市群。最后，从人口、经济和空间面积三个方面检验了两大城市群的空间规模等级分布，结果表明，长江三角洲、珠江三角洲两大城市群内部城市基本上呈现一定的等级规模分布。

第5章 迈向成熟阶段的城市群合理范围的界定：以京津冀城市群为例

本章以京津冀地区为例，研究迈向成熟阶段的城市群合理范围的界定。京津冀城市群是我国重点培育的城市群，方创琳等（2010）对城市群发育程度的研究结果认为，京津冀城市群属于成熟阶段的城市群。已有关于京津冀城市群范围的研究主要集中在北京、天津和河北三省市全境。孙东琪等（2013）在研究长三角城市群和京津冀城市群产业空间联系时，把京津冀城市群的空间范围确定为北京市和天津市全境，以及河北省的石家庄、唐山、保定、秦皇岛、廊坊、沧州、承德、张家口等地级市；关晓光和刘柳（2014）将京津冀城市群范围扩大到北京、天津全境和河北省11个地级市来研究京津冀城市群城市间的联系。也有研究跳出京津冀三省市的空间范围，认为首都城市群—京津冀城市群不但要包括京津冀地区，还应该包括山西省、山东省、内蒙古自治区等省份的部分地区，这样才能保证首都城市群地域空间的邻近性和行政区划的完整性（林平，杜姗姗，2015）。但是上述研究主要是基于城市之间的空间经济联系来确定京津冀城市群范围。本书的研究除了继续考虑城市之间的联系外，还将从生态环境共治和区域发展战略的角度综合考虑京津冀城市群的合理范围。在这之前，为了数据收集的可得性，《京津冀协同发展规划纲要》中的城市包括了北京、天津和河北的所有城市，因此本书以北京市、天津市和河北省全境为核心来研究京津冀城市群范围，再把周边各省份与京津冀邻近城市考虑进来，根据情况做适当的调整。

5.1　城市群中心城市选择

中心城市的确定是界定京津冀城市群范围的前提，因此，依据前文确定中心城市的理论框架对京津冀城市群的中心城市进行确定。

5.1.1　数据来源

与前面一样，本章继续沿用前面的指标体系来分析京津冀城市群的中心城市。各指标数据主要来源于 2021 年的《北京统计年鉴》《天津统计年鉴》《河北统计年鉴》《中国城市统计年鉴》，以及各城市 2020 年的统计公报。

5.1.2　选择结果及分析

运用因子分析法计算各城市的综合得分情况，以确定各城市的综合实力。KMO 检验值为 0.697，这表明所选取的指标适合进行因子分析。根据如图 5.1 所示的碎石图，第 3 个因子以后的特征根值都比较小，对解释原有变量的贡献很小，因此，取出 2 个因子比较合适。

同时选择方差最大正交旋转法，得到因子载荷矩阵，然后计算因子得分系数矩阵，根据因子得分系数和原始变量的观测值计算出各个观测量的因子得分，以各公共因子的方差贡献率所占比重作为权重进行加权汇总，得出各城市的综合得分。在计算出各因子得分情况后，接下来计算各城市总得分。京津冀城市群各城市综合得分情况如表 5.1 所示。

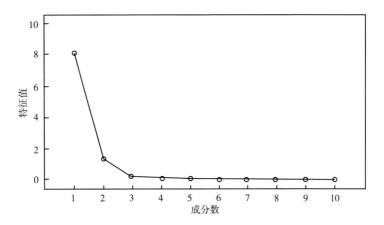

图 5.1　因子碎石图

表 5.1　　　　　　　　　京津冀城市群各城市综合得分情况

城市	因子 1 得分 F_1	因子 2 得分 F_2	总得分 F	排位
北京	4.4753	0.8634	3.3164	1
天津	1.2522	−0.5089	0.7315	2
石家庄	0.6850	0.6892	0.6534	3
唐山	0.3528	0.6564	0.4154	4
秦皇岛	0.3631	−0.0065	0.2490	10
邯郸	0.1132	0.9051	0.3151	6
邢台	0.0708	0.7728	0.2512	9
保定	0.1281	1.2102	0.4053	5
张家口	0.1603	0.3415	0.2001	11
承德	0.0932	0.3637	0.1596	12
沧州	0.0274	0.8963	0.2536	8
廊坊	0.1812	0.5079	0.2581	7
衡水	0.0443	0.4893	0.1587	13

注：综合得分计算公式为 $F = 0.71075 \times F_1 + 0.15617 \times F_2$。

由表 5.1 可知，北京、天津、石家庄、唐山四个城市的综合得分排在前 4 位，因此将北京、天津、石家庄作为城市群的中心城市，其他城市可以作为区域性中心城市，或重要节点城市来建设。

5.2 城市群范围界定

5.2.1 基于引力模型的城市群边界判断

基于引力模型的角度分析城市群范围，继续借用前文的方法，先计算城市之间的人流量，再计算城市之间的经济联系。

5.2.1.1 基于城市之间的人流量分析

运用第 4 章计算城市之间人流量的公式来计算各城市之间的人流量。京津冀城市群内中心城市与各城市之间的人流量情况如表 5.2 所示。

表 5.2　　　　2023 年京津冀城市群内中心城市与周边城市人流量　　单位：万人/年

城市	中心城市		
	北京	天津	石家庄
天津	3605	—	456
石家庄	1847	456	—
唐山	461	385	155
秦皇岛	381	418	128
邯郸	647	203	343
邢台	434	122	249
保定	1137	301	504
张家口	681	18	23
承德	802	11	59
沧州	592	228	60
廊坊	469	99	33
衡水	260	110	277

从各城市之间年度人流量情况来看，中心城市北京、天津、石家庄之间的人流量非常大，北京与天津之间的人流量大于其他城市之间的人流量，北京与石家庄之间的人流量大于北京与河北其他城市之间的人流量。上述城市之间的人流量非常大，原因是这些城市的综合实力相对较强，导致北

京与这些城市之间的联系紧密，进而人流量大。

从表 5.2 中也可以看到，除了综合实力外，交通基础设施连接完备、空间距离邻近的城市之间人流量也非常大，例如，北京与保定之间的人流量大于北京与其他非中心城市之间的人流量；天津与石家庄、唐山、秦皇岛之间的人流量大于天津与其他非中心城市之间的人流量，石家庄与保定之间的人流量大于石家庄与其他非中心城市之间的人流量。

综上所述，可以得到与前文基本一致的结论，综合实力强的城市之间人流量大，交通基础设施连接完备、空间距离邻近的城市之间人流量大。城市之间的人流量也间接反映了城市之间的联系。因此，与前文处理方法一致，认为上述因素也是影响城市之间联系的主要因素。下面将在城市之间人流量分析的基础之上进一步分析各城市之间的联系强度。

5.2.1.2　城市之间的联系强度分析

本章继续沿用第 4 章的思路和方法计算城市之间的联系强度，首先计算城市之间的经济距离，再计算城市之间的联系强度。对城市之间经济距离的计算过程中，如果城市之间没有直接的联系，就认为这些城市之间的经济距离很小，甚至可以忽略不计，把这些城市之间的经济距离计为 0。在计算了城市之间的经济距离后，接下来计算城市之间的联系强度。京津冀城市群各城市之间的联系强度如表 5.3 所示。

表 5.3　　　　　京津冀城市群中心城市与周边城市联系强度

城市	中心城市		
	北京	天津	石家庄
天津	0.0289	—	0.0026
石家庄	0.0116	0.0026	—
唐山	0.0123	0.0289	0.0026
秦皇岛	0.0042	0.0080	0.0012
邯郸	0.0037	0.0044	0.0033
邢台	0.0033	0.0040	0.0039

城市	中心城市		
	北京	天津	石家庄
保定	0.0134	0.0118	0.0047
张家口	0.0062	0.0047	0.0014
承德	0.0043	0.0060	0.0010
沧州	0.0065	0.0147	0.0022
廊坊	0.0231	0.0257	0.0022
衡水	0.0030	0.0054	0.0034

由表5.3可以看出，各城市之间的联系强度大小基本上与各城市之间的人流量多少基本一致。

首先，中心城市之间的联系强度大于中心城市与其他城市之间的联系强度。例如，北京与天津这两个中心城市之间的联系强度大于北京、天津与其他城市之间的联系强度。北京与石家庄、唐山、保定、廊坊之间的联系强度大于北京与河北其他城市之间的联系强度。

其次，交通基础设施完备、空间距离邻近的城市之间的联系强度大。例如，北京与廊坊之间的联系强度大于北京与其他非中心城市之间的联系强度，石家庄与保定之间的联系强度甚至大于石家庄与衡水、张家口、秦皇岛等城市之间的联系强度。

5.2.1.3 城市之间隶属度分析

沿用前面的思路，主要计算中心城市与非中心城市之间的隶属度。计算结果如表5.4所示。

表5.4　　　京津冀城市群中心城市与非中心城市隶属度关系

非中心城市	中心城市		
	北京	天津	石家庄
唐山	0.1020	0.0840	0.0391
秦皇岛	0.0351	0.0230	0.0175
邯郸	0.0310	0.0180	0.0691

非中心城市	中心城市		
	北京	天津	石家庄
邢台	0.0274	0.0159	0.0798
保定	0.1113	0.0550	0.1111
张家口	0.0517	0.0153	0.0225
承德	0.0356	0.0152	0.0124
沧州	0.0536	0.0556	0.0425
廊坊	0.1913	0.0806	0.0351
衡水	0.0249	0.0163	0.0519

从表 5.4 各非中心城市与中心城市的隶属度来看，唐山、保定、张家口、沧州、廊坊与北京的隶属度都大于 0.5%，唐山、保定、沧州、廊坊与天津之间的隶属度大于 0.5%，邯郸、邢台、保定、衡水与石家庄之间的隶属度大于 0.5%。已有的研究认为，与中心城市的隶属度小于 0.5%，就可以排除在城市群的范围之内。因此，这些城市可以纳入京津冀城市群范围内。接下来从生态环境共治和区域发展战略的角度对京津冀城市群范围做进一步分析。

5.2.2　基于生态环境共治的城市群边界判断

基于生态环境共治的角度分析京津冀城市群时，首先分析整个区域的生态空间分布，然后分析从生态环境共治视角界定京津冀城市群空间范围的必要性。

5.2.2.1　京津冀城市群范围内的生态环境空间分布

从整个城市群的生态环境分布来看，京津冀城市群中间分布着华北平原，东面有渤海湾，南面与中原地区毗邻，西面的山西境内分布着吕梁山脉、五台山、管涔山和恒山等一系列山脉以及云冈森林、管涔山森林、禹王洞森林、赵杲观森林等森林资源，北面分布着内蒙古境内的浑善达克沙地、滦河源、马鞍山、旺业甸、兴隆、锡林郭勒草原等生态环境资源以及河北境内的木兰围场、丰宁、白草洼、六里坪等森林资源。北面的生态环境资源也是京津冀地区的生态屏障。城市群内流经的河流主要包括滦河和滹沱河。滦河流经河北的张家口、承德，内蒙古的锡林浩特市，以及天津市全境；滹沱河上游流经山西忻定盆地，下游流经河北的石家庄等城市。同时，河北境内河流与湖泊也是星罗棋布，例如子牙河上游流经河北境内的沧州和廊坊地区，下游流经天津进入渤海，黑河和白河从张家口汇入密云水库，汤河流经承德地区也汇入密云水库，桑干河流经大同、张家口、北京、廊坊、天津，进入渤海。

在前面选择的13个城市中，各城市经济发展水平各异。其中中心城市经济发展水平最高，2020年，北京、天津、石家庄地区生产总值分别达到36103亿元、14084亿元、5935亿元，远远高于其他城市；其产业结构也优于其他城市，2020年，北京、天津、石家庄第三产业增加值占地区生产总值的比重分别为83.8%、64.4%、62.2%。而且，北京、天津、石家庄三个中心城市由于综合实力较强，产业结构也不断向高端迈进，高新技术产业和现代服务业发展水平不断提高，它们在经济总量中的比重不断提高，发展阶段也高于非中心城市。

5.2.2.2 区域生态环境共治行动

由于各城市呈现不同的发展水平，并且处于不同的发展阶段，发展模式也不一致，产业结构也存在差异，所以经济发展对生态环境资源的承载能力要求也不一样。欠发达地区由于产业结构相对低端，技术水平不高，对生态环境承载能力的要求比较高，在发展过程中，注重追求经济发展，容易忽视对生态环境的保护。在前面的理论分析中，欠发达地区和发达地区在追求各自的发展过程中，可以通过生态环境资源形成"空间冲突"，进而对整个区域的发展带来负面影响。从京津冀城市群区域的生态环境资源分布情况来看，欠发达地区主要分布在前面所述的生态环境资源中，欠发达城市在发展过程中对生态环境产生的破坏可能会影响到发达城市。比如，内蒙古的草原荒漠化产生的沙尘暴会严重影响到京津冀地区，甚至整个华北地区，还有一些城市的重化工业，如钢铁等行业排放的污染物对整个京津冀地区甚至整个华北地区的大气造成严重污染。另外，桑干河、潮白河、黑河、白河、汤河是北京和天津重要的水资源来源渠道，一旦这些河流的上游发生水体污染事故，将严重影响京津两地饮用水的使用，进而影响社会的经济发展，从而提高整个社会经济的运行成本，并有可能影响整个区域社会经济的发展。如果各地区单独治理生态环境，不但不能达到预期效果，而且治理成本也非常高昂。因此，同时分布于相同生态环境资源系统内的城市可以形成一个生态环境共同体，城市之间可以建立统一的协调机制来共同治理生态环境。

在现实中，各个地区各自治理生态环境的效果也是有限的。2015年11月27日至12月1日，京津冀及周边遭遇了一次严重的污染过程。生态环境部的通报显示，2015年11月27~29日，京津冀及周边70个城市中分别有9个、23个和30个城市达到重度及以上污染，重霾影响范围达到51万平方千米；北京、天津发布重污染天气橙色预警，河北发布区域橙色预警，邢台、唐山、廊坊发布了红色预警；但各城市各自实施的应急措施对重污染缓解作用有限，京津冀多个城市的PM2.5浓度一直维持在高浓度水平，北京局部地区PM2.5浓度直逼1000微克/立方米，应急措施带来的减排效果有限。

为有效推进京津冀生态环境共治，国家和各级政府也制定了相应的顶层设计，形成了相应的共治机制。在国家层面，2013年9月，环保部、国家发改委等6部门联合印发《京津冀及周边地区落实大气污染防治行动计划实施细则》，对京津冀空气质量提出改善要求。2015年4月，中共中央政治局审议通过《京津冀协同发展规划纲要》，提出京津冀协同发展需要率先突破的是交通、生态环保；2015年12月，国家发改委、环保部发布《京津冀协同发展生态环境保护规划》，从京津冀一体化视角，明确了京津冀PM2.5平均浓度控制目标，以及生态环境保护目标。

在省级层面，京津冀地区建立了统一的生态环境保护机制，并出台了相关政策法规。2015年12月，京津冀三地环保厅局正式签署了《京津冀区域环境保护率先突破合作框架协议》。该协议明确将以大气、水、土壤污染防治为重点，以联合立法、统一规划、统一标准、统一监测、应急联动等十个方面为突破口，联防联控，共同改善区域生态环境质量。

在联合立法方面，2015 年京津冀三地提出将在生态环境部的领导下，共同编制《京津冀区域环境污染防治条例》，以国家《京津冀协同发展生态环保规划》为统领，共同制定大气、水、土壤和固废领域的专项规划，统筹区域污染治理。同时统一标准，建立区域协同的污染物排放标准体系，逐步统一区域环境准入门槛。针对可能对区域大气环境、水环境产生重大影响的重点行业规划、园区建设规划和重大工程项目，京津冀三地将实施"环评会商"。[①]

在体制机制方面，2013 年和 2016 年，分别成立了京津冀及周边大气和水污染防治协作小组；2018 年，生态环境部组建京津冀及周边地区大气环境管理局，并联合京津冀三省市印发《关于促进京津冀地区经济社会与生态环保协调发展的指导意见》；2022 年 1 月，京津冀三地生态环保主管部门联合印发《关于加强京津冀生态环境保护联建联防联治工作的通知》，成立京津冀生态环境联建联防联治工作协调小组，共同推进京津冀生态环境保护。

在"统一监测"方面，京、津、冀三地环保厅局正式签署的《京津冀区域环境保护率先突破合作框架协议》提出，将共同研究确定关于大气、水、土壤环境和污染源的统一监测质量管理体系，构建区域生态环境监测网络。针对跨区域、跨流域的环境污染以及秸秆焚烧、煤炭、油品质量等区域性环境问题，京津冀三地将集中时间，开展联动执法，共同打击违法排污行为。

此外，针对秋冬季易出现的区域性、大范围的空气重污染过程，以及跨区域的环境污染事件，《京津冀区域环境保护率先突破合作框架协议》提出，将建立"预警会商"和"应急联动"工作机制。

京、津、冀三地联手取得一定成效。以北京为例，2015 年前十个月北京市空气质量达标天数同比增加了 31 天；发生空气重污染天数同比减少了 16 天；2015 年前十个月，天津、河北的空气质量达标天数也高于 2014 年同期[②]。2021 年，京津冀地区 PM2.5 年均浓度为 38 微克/立方米，

---

①② 京津冀签署《协议》联手治污 [EB/OL]. http://news.cntv.cn/2015/12/07/ARTI 1449473779740752.shtml.

与2013年相比减少64.2%，其中，北京2021年实现环境空气质量全面达标，PM2.5年均浓度较2013年下降63.1%；2022年，北京PM2.5年均浓度较2021年下降9.1%，实现了十年空气质量持续改善、连续两年达到国家空气质量二级标准①。可见，实行生态环境共治可以有效地治理生态环境污染事件。

京津冀地区不仅实现了生态环境的联防共治机制，还在尝试建立生态补偿机制。河北承德地处京津上风上水区域，是滦河、潮河、辽河、大凌河的发源地，保护水源责任重大。在京津冀协同发展中，承德定位为京津冀水源涵养功能区。河北为了保障京津的生态环境，放弃了很多发展机会，仅张家口森林与湿地每年为周边地区提供生态服务价值305.17亿元，而北京地区受益就占到总价值的48%②。因此，亟须建立京津冀区域生态补偿长效机制。2006年北京和河北签署协议，在密云水库上游地区实行"稻改旱"工程，将高耗水的水稻改为玉米，涉及张家口的赤城、承德的丰宁滦平等地。为了弥补"稻改旱"给村民们造成的经济损失，北京和河北建立了横向的生态补偿机制。2007年，补偿标准是每亩450元，2008年提高到550元，北京每年补贴给张家口、承德6000万元。③ 2016年，天津与河北建立了流域横向生态补偿机制；之后，双方政府又签署了《关于引滦入津上下游横向生态补偿的协议（第二期）》。2018年，北京与河北共同签署协议，北京对密云水库上游潮白河流域的承德市、张家口市相关县（区）进行生态保护补偿，对污染治理工作成效进行奖励④。

---

① 区域重大战略生态环境保护②·京津冀协同发展篇［EB/OL］. https：//www. mee. gov. cn/ywgz/zcghtjdd/sthjzc/202211/t20221110_1004422. shtml.

② 张家口首公布森林与湿地资源价值 生态环境改善［EB/OL］. http：//heb. hebei. com. cn/system/2013/03/22/012648601. shtml.

③ 来洁. 从承德看京津冀"生态一体化"之难［EB/OL］. http：//paper. ce. cn/jjrb/page/1/2015－01/27/15/2015012715_pdf. pdf.

④ 我省与北京市政府签署密云水库上游潮白河流域水源涵养区横向生态保护补偿协议［EB/OL］. http：//hbepb. hebei. gov. cn/hbhjt/xwzx/jihuanyaowen/101656571072205. html.

5.2.2.3 生态环境共治视角下京津冀城市范围的界定

目前，有研究认为，山东、内蒙古、山西部分城市可以纳入京津冀城市群（林平，杜姗姗，2015）。然而，京津冀地区和山东、内蒙古、山西的相关城市还没建立起生态环境保护的联动机制，也没有建立起生态补偿机制。实际上，山西的太原、大同、阳泉、晋中、朔州、忻州、吕梁，内蒙古的呼和浩特、乌兰察布、赤峰、锡林郭勒，以及山东的济南、德州、聊城、滨州等城市也没有必要纳入京津冀城市群的范围。原因如下：山西境内相关城市与京津冀生态联系度不高。山西省内的太原、大同、阳泉、晋中、朔州、忻州、吕梁处于同一生态环境系统内，且都在山西省内，这一生态环境系统主要包括管涔山、吕梁山、恒山、五台山、太岳山，以及大同盆地、忻定盆地等，这些生态环境系统与京津冀三地的生态环境系统联系不大；内蒙古的呼和浩特与京津冀地区并没有相邻，乌兰察布仅与河北的张家口等城市毗邻，而且没有生态环境空间的联系，锡林郭勒盟处于内蒙古高原地带，赤峰虽与承德接壤，但是赤峰在生态环境方面与通辽的联系更大，仅有部分旗县与承德地区存在一定的联系，例如宁城、喀喇沁旗等地；山东境内的城市与京津冀的生态环境联系也不强，而且这些城市处于同一生态环境系统内，聊城、德州、滨州、济南、东营这些城市的主要生态联系是河流，主要有马颊河和徒骇河等河流，与京津冀地区的联系并不强。

如果考虑大气污染联防共治，似乎可以把山东、山西和内蒙古境内的相关城市纳入京津冀城市群，但是考虑到跨省的联防共治成本过高，而且京津冀三省市的大气污染联防共治机制还处于探索中，如果把山东、山西和内蒙古三地纳入京津冀城市群，因为各地产业结构和能源结构的差异，开展大气污染联防共治将导致成本进一步提高，机制建立过程将更加复杂。但是，山东、山西和内蒙古三地可以根据本区域内实际情况，规划建设区域性城市群。可喜的是，山东已经出台了《山东半岛城市群发展规划

（2016—2030 年）》，规划中明确了山东全域作为城市群范围，山西也出台了
《山西中部城市群高质量发展规划（2022—2035 年）》，规划明确了山西中
部城市群的范围包括太原、晋中、忻州、吕梁、阳泉五市，内蒙古明确了
建设呼和浩特都市圈，包括呼和浩特、包头、鄂尔多斯、乌兰察布四个城
市。山东、山西和内蒙古三地的区域性城市群或都市圈，可以开展大气污
染联防共治，必要时，可以城市群为主体，建立城市群之间的大气污染联
防共治机制。

因此，基于生态环境共治视角，山东、山西和内蒙古境内的相关城市
可以不纳入京津冀城市群的范围。

5.2.3　基于区域发展战略的城市群边界判断

5.2.3.1　当前交通网络体系发展现状

当前，京津冀城市群以北京和天津两大核心城市为中心形成了比较完
善的交通网络体系，北京和天津到京津冀城市群各城市基本都有铁路连接，
仅与少部分地市没有铁路连接。但现有交通基础设施要满足城市群未来发
展的要求还需要进一步完善，需要更加多样化的交通基础设施，有些非中
心城市和北京等中心城市之间还没实现高速铁路直接通勤，例如，衡水等
城市与天津、北京还没有高速铁路的直接通勤联系，导致这些非中心城市
与北京等中心城市之间的直接联系很少，接受中心城市的辐射作用很小。

5.2.3.2　未来交通网络体系发展

在《京津冀协同发展规划纲要》中，明确提出要在京津冀交通一体化
等领域率先突破。因此，非中心城市与中心城市之间的交通基础设施将不
断完善，相互之间的联系不断加强，中心城市对非中心城市的辐射带动能
力将更强。

2016 年国家发改委印发的《中长期铁路网规划》中指出，要在城市群内建成 0.5~2 小时现代高速铁路网络交通圈。在《中长期铁路网规划》中明确的"八纵"通道中，大连（丹东）—北海（防城港）的沿海高速铁路通道规划中，其中一段是秦皇岛—天津—东营的高速铁路连接线；在京沪通道中，规划北京—上海的两条高速铁路中，其中一条有一段线路为北京—天津—济南，另一条有一段线路为北京—天津—东营。京港（台）通道中，规划了北京—衡水的高速铁路，这样北京与衡水之间将有高速铁路连接，衡水与北京的联系将更加紧密；在京昆通道规划中，将建设北京—石家庄—太原高速铁路，还包括北京—张家口—大同—太原高速铁路，张家口与北京也实现了高速铁路连接，进而加强了这两个城市与北京的联系。在《中长期铁路网规划》中明确的"八横"通道中，在京兰通道中，将建设北京—呼和浩特高速铁路，这条高速铁路经过张家口，这也将进一步加强张家口与北京之间的联系。另外，《中长期铁路网规划》还提出了拓展区域铁路连线，在东部地区规划的拓展区域铁路连线中，有北京至唐山、天津至承德的高速铁路，这两条高速铁路的建成，也将进一步加强唐山、承德与北京和天津这两大中心城市的联系。

在《京津冀城际铁路网规划》中，明确规定京津冀城际铁路网将以"京津塘、京保石、京唐秦"三大通道为主轴，以京、津、石三大城市为核心，形成"四纵四横一环"为骨架的城际铁路网络，覆盖区域中心城市、重要城镇和主要产业集聚区。京津冀城际铁路网将新建城际线 24 条，分近期（2020 年）、远期（2030 年）、远景（2050 年）三期，总规模达 3453 千米。"四纵"为：京石邯城际（北京—保定—石家庄—邢台—邯郸）、京霸衡城际（北京—首都第二机场①—霸州—衡水）、津承沧城际（沧州—天津—宝坻—蓟州—遵化—承德）、环渤海城际（秦皇岛—曹妃甸—滨海新区—黄骅—滨州）。"四横"为：京津塘城际（北京—天津—于家堡）、京

---

① 首都第二机场已于 2019 年通航，定名为北京大兴国际机场。

唐城际（北京—通州—香河—宝坻—唐山—曹妃甸）、津保城际（天津—
霸州—保定）、石沧黄城际（石家庄—沧州—黄骅）。"一环"为：环北京
城际（涿州—首都第二机场—廊坊—香河—平谷—密云—怀来—涿州）。

　　综上所述，各个发展规划中规划的交通运输线路一旦建成，不但有利
于促进沿线城市的发展，也有利于促进这些城市之间的互联互通，加强这
些城市之间的联系。因此，京津冀城市群包括京津冀全境比较合理。

5.2.4　城市群边界的综合判断

　　前面已经从城市之间的联系、生态环境共治，以及发展战略的角度分
析京津冀城市群的范围。在分析城市之间的联系时，主要考虑了 13 个城市；
在生态环境共治和区域发展战略分析时发现，把山东、山西和内蒙古相关
城市纳入京津冀城市群可能不合理。最终，笔者认为，把京津冀城市群的
空间范围确定为 13 个城市，即京津冀三地全境比较合理。

5.3　城市群内部规模分布

　　前面关于城市群的定义中指出，城市群内部城市会呈现一定的规模分
布特征。因此，在界定了京津冀城市群的空间范围后，本节将分析和检验
所选择的城市形成的城市群内部规模分布是否呈现一定的分布特征，主要
介绍所选取城市的规模以及位序－规模分布特征。

5.3.1　城市群规模的空间分布特征

5.3.1.1　从城市行政等级和人口规模等级划分分析城市规模空间分布特征

　　把 13 个城市按照直辖市、副省级城市、省会城市和地级市四个行政等

级进行划分，各等级城市数量如表5.5所示。

表5.5 城市行政等级划分

	城市层级	行政等级	城市数量	城市名称
城市行政等级	1	直辖市	2	天津、北京
	2	省会城市	1	石家庄
	3	地级市	10	唐山、秦皇岛、邯郸、邢台、保定、张家口、承德、沧州、廊坊、衡水

从行政等级来看，这13个城市中，有2个直辖市，1个省会城市，10个地级市。

从人口规模等级来看，超大城市和特大城市各1个，Ⅰ型、Ⅱ型大城市各2个，中等城市7个，小型城市没有（见表5.6）。因此，各类城市规模分布比较合理，以Ⅰ型、Ⅱ型大城市和中等城市居多。

表5.6 城市人口规模等级划分

	城市人口规模	城市数量（个）
城市人口规模等级划分	超大城市（1000万人）	1
	特大城市（500万~1000万人）	1
	Ⅰ型大城市（300万~500万人）	2
	Ⅱ型大城市（100万~300万人）	2
	中等城市（50万~100万人）	7
	小型城市（50万人以下）	0

5.3.1.2 从分形特征分析城市空间规模分布特征

这一部分将运用首位城市规模、城市首位度、4城市指数、11城市指数、变差系数和偏态系数等6个指标来分析13个城市的规模分布特征。各指标值的具体情况如表5.7所示。

表 5.7　　　　　　　　　　城市级规模分形特征指标比较

指标	数值
首位城市规模（万人）	2189
城市首位度	1.5782
4 城市指数	0.9347
11 城市指数	1.1368
变差系数	0.4396
偏态系数	2.2520

　　从表 5.7 中可以看到，从首位城市来看，13 个城市的首位度为 1.5782，4 城市指数为 0.9347，11 城市指数为 1.1368，这表明大城市之间人口分布比较均衡，而大城市与小城市之间的人口分布差距较大。从变差系数和偏态系数来看，两个指标值分别为 0.4369 和 2.2520，这表明大城市人口比较集中，各城市人口规模偏离平均值较多，城市人口结构分布不均衡。

5.3.2　城市群的位序－规模分布

　　本部分将从实证的角度分析 13 个城市规模分布特征，按照前面的思路，主要从城市人口规模、城市经济规模和城市空间规模三个角度入手（见图 5.2～图 5.4），利用齐普夫定律进行实证分析。

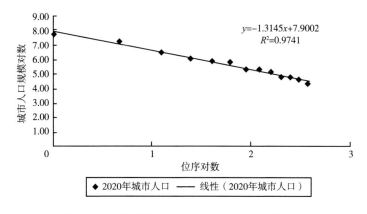

图 5.2　京津冀城市群城市人口位序－规模分布

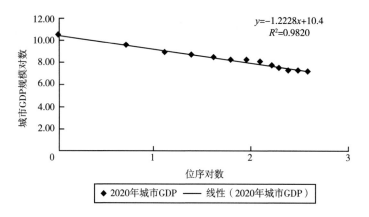

图 5.3　京津冀城市群城市经济位序 – 规模分布

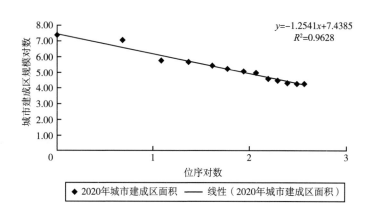

图 5.4　京津冀城市群城市空间位序 – 规模分布

从实证结果来看，三个指标的回归结果的可决系数 R^2 分别为 0.9741、0.9820、0.9628，可见城市人口规模、城市经济规模、城市空间规模分布回归方程的拟合优度均较好，因此，城市人口规模、城市经济规模和城市空间规模分布具有明显的分形特征，城市空间规模的分形特征相对于城市人口规模和城市经济规模不是很明显。城市人口规模、城市经济规模和城市空间规模这三个指标的齐普夫维数值分别为 1.3145、1.2228、1.2541，都大于 1，这表明这 13 个城市的城市人口规模、城市经济规模和城市空间规模分布均不均衡，差异较大，大城市发展水平较高，而中小城市发展不足。

5.4 城市职能互补分析

这一节将利用区位熵指数来分析城市群内部城市职能分工和产业专门化情况。

本章计算区位熵指数涉及的行业为采掘业，制造业，电力煤气及水生产供应业，建筑业，交通仓储邮电业，信息传输、计算机服务和软件业，批发零售贸易业，住宿餐饮业，金融业，房地产业，租赁和商业服务业，科研、技术服务和地质勘查业，水利、环境和公共设施管理业，居民服务和其他服务业，教育业，卫生、社会保险和社会福利业，文化、体育和娱乐业，公共管理和社会组织业等 18 个行业。借鉴赵勇和白永秀（2012）的做法，考虑到数据的可获得性，以租赁和商业服务业从业人员数来表示管理部门从业人员数，以采掘业、制造业、电力煤气及水生产供应业 3 个行业从业人员数之和表示生产部门人员数，选取的时间点为 2005 年、2014 年、2020 年三个时间点。各城市功能分工指数计算结果如表 5.8 所示。

表 5.8　　　　　　　京津冀城市群各城市功能分工指数

序号	城市	2005 年	2014 年	2020 年
1	北京	2.3770	2.5538	2.6994
2	天津	0.4147	0.2153	0.3309
3	石家庄	0.1998	0.6805	0.4578
4	唐山	0.1157	0.2338	0.1280
5	邯郸	0.0646	0.3660	0.1718
6	张家口	0.1507	0.4111	0.2492
7	保定	0.1541	0.2105	0.1458
8	沧州	0.1490	0.4017	0.2482
9	秦皇岛	0.2963	0.2230	0.1384
10	邢台	0.0412	0.1879	0.0549

序号	城市	2005 年	2014 年	2020 年
11	廊坊	0.3078	0.1287	0.1467
12	承德	0.1889	0.2789	0.2506
13	衡水	0.1332	0.2639	0.0979

从各城市的功能分工指数来看，2005 年，北京的功能分工指数大于 1，这表明，在京津冀城市群范围内，北京的管理部门相对集中，表明北京的功能专业化程度较高，而其他城市的区位熵指数都小于 1，表明生产制造业部门在其他城市相对集中，其他城市的功能专业程度也相对较低；2014 年，北京功能分工指数仍大于 1，而其他城市都小于 1，且除天津、秦皇岛和廊坊外，其他城市的功能分工指数相较 2005 年出现明显的上升，主要是因为这些城市的生产制造业就业人数出现下降，而管理人员就业人数出现上升；2020 年，北京的功能分工指数仍大于 1，且高于 2005 年、2014 年的数据，表明北京的功能专业化程度呈现不断提高的趋势。

从城市功能分工指数的变化趋势来看，北京、天津等城市功能指数有上升趋势，其他城市呈现下降趋势（见图 5.5）。另外，从京津冀城市群各城市的功能分工指数来看，除了北京有绝对优势之外，其他中心城市并没有表现出绝对的优势，因此，京津冀城市群内部功能分工还有待进一步优化。

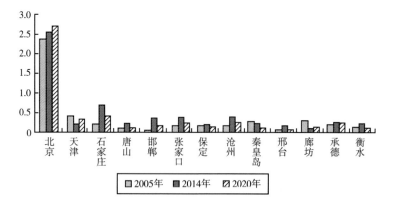

图 5.5　京津冀城市群内部各城市功能分工指数变化趋势

5.5 本章小结

本章主要运用前面的理论分析框架界定京津冀城市群的空间范围。已有的研究在界定京津冀城市群范围时，主要从城市之间联系的角度运用引力模型来界定，对京津冀城市群范围的界定结果也存在争议，有的认为京津冀城市群的范围主要集中在北京、天津以及河北部分城市，有的认为还需要考虑到其他省份，例如内蒙古、山东和山西部分城市，这主要是因为已有的研究中并没有考虑到生态环境共治和区域发展战略。本章对京津冀城市群范围的界定结果认为，京津冀城市群的合理范围应该为京津冀全境。因为京津冀地区的城市基本上处于同一生态环境系统内，而内蒙古、山东和山西与京津冀毗邻的城市虽与京津冀地区的核心城市有经济联系，但没有处于同一生态环境系统内。另外，随着一系列区域发展战略的实施，特别是交通基础设施的日益完善，进一步加强了城市之间的互联互通。例如，随着一系列高速铁路的建成，北京、天津与河北的张家口、承德、衡水、邯郸等城市的联系将会不断加强，从未来的角度来看，这些城市即使现在与中心城市的联系不是那么紧密，但未来随着交通基础设施的进一步完善，它们与北京、天津等中心城市的联系将更加紧密，而且这些城市与北京和天津在生态环境共治方面的联系也较紧密，因此，这些城市也可以纳入京津冀城市的范围。最终本书认为，京津冀城市群的合理范围应该包括北京、天津以及河北全境，共 13 个城市。

第6章 快速发育阶段的城市群合理范围的界定：以成渝城市群为例

本章以成渝城市群为例，分析界定快速发育阶段的城市群合理范围。2016 年，国家发改委和住房城乡建设部联合印发了《成渝城市群发展规划》，该规划明确规定了成渝城市群的空间范围，另外，成渝城市群正处于快速发育阶段（方创琳等，2010）。因此，以成渝城市群为例，研究快速发育阶段城市群合理范围具有一定的代表性。

6.1 城市群发展现状

6.1.1 《成渝城市群发展规划》确定的成渝城市群空间范围

在《成渝城市群发展规划》中确定了成渝城市群所包含的具体范围，其中，重庆包括渝中、万州、黔江、涪陵、大渡口、江北、沙坪坝、九龙坡、南岸、北碚、綦江、大足、渝北、巴南、长寿、江津、合川、永川、南川、潼南、铜梁、荣昌、璧山、梁平、丰都、垫江、忠县等 27 个区（县）以及开县、云阳的部分地区，四川包括成都、自贡、泸州、德阳、绵阳（除北川县、平武县）、遂宁、内江、乐山、南充、眉山、宜宾、广安、达州（除万源市）、雅安（除天全县、宝兴县）、资阳等 15 个市，总面积

18.5万平方千米。成渝城市群各城市基本情况如表6.1所示。

表6.1 成渝城市群内部城市行政等级体系

城市群	地区层级	行政等级	地区数量	地区名称
成渝城市群	1	副省级城市	1	成都
	2	地级行政区	43	自贡、泸州、德阳、绵阳、遂宁、内江、乐山、南充、眉山、宜宾、广安、达州、雅安、资阳、渝中、万州、黔江、涪陵、大渡口、江北、沙坪坝、九龙坡、南岸、北碚、綦江、大足、渝北、巴南、长寿、江津、合川、永川、南川、潼南、铜梁、荣昌、璧山、梁平、丰都、垫江、忠县、云阳、开县

6.1.2 成渝城市群经济发展水平分析

2020年，成渝城市群地区生产总值占四川省和重庆市两省市地区生产总值之和的90.2%，成渝城市群第三产业增加值占四川省和重庆市两省（市）第三产业增加值之和的91.24%，成渝城市群总人口数占四川省和重庆市两省（市）人口总数的80.23%，城镇人口占两省市总人口的39.8%，城镇人口占两省市城镇总人口的71.2%[①]。成渝城市群无论是经济发展水平，还是社会发展水平，都在区域发展中有着重要的地位。

6.2 城市群中心城市选择

6.2.1 数据来源

本章的统计数据来源于2021年的《中国城市统计年鉴》和2021年的

———————

① 笔者根据四川、重庆2021年的统计年鉴整理得来。

《四川统计年鉴》《重庆统计年鉴》以及各城市 2020 年的统计公报。

6.2.2 选择结果与分析

根据碎石图（见图 6.1）可以得出，第 2 个因子以后的特征根值都比较小，因此提取 2 个因子比较合适。

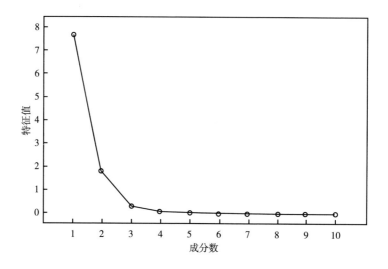

图 6.1 成渝城市群因子碎石图

表 6.2 显示了成渝城市群各城市综合得分情况。在四川省内部，各城市得分排名依次为成都、南充、绵阳、宜宾、达州、泸州、德阳、乐山、内江、广安、遂宁、眉山、自贡、资阳、雅安。在重庆市内部，本书将渝中、江北、九龙坡、沙坪坝、南岸、大渡口、巴南、渝北、北碚等 9 区合为一体，称为重庆主城区，其综合得分最高，其他区县的综合得分排名依次为万州、江津、合川、永川、涪陵、綦江、大足、开州、铜梁、云阳、璧山、长寿、黔江、忠县、丰都、荣昌、梁平、垫江、潼南、南川。

表 6.2　　　　　　　　　　成渝城市群各地区综合得分情况

地区	因子 1 得分 F_1	因子 2 得分 F_2	总得分 F	排名
成都	5.4455	7.2064	5.8865	1
自贡	0.9531	0.3682	0.6743	14
泸州	1.4721	0.8146	1.1395	7
德阳	1.0580	0.7323	0.8775	8
绵阳	1.6352	1.1783	1.3748	4
遂宁	0.9935	0.4412	0.7257	12
内江	1.0278	0.5637	0.7936	10
乐山	1.0110	0.6306	0.8110	9
南充	1.7311	1.5428	1.5731	3
眉山	0.8957	0.4618	0.6798	13
宜宾	1.3861	1.0873	1.2006	5
广安	0.7500	0.8050	0.7360	11
达州	1.2444	1.2673	1.1939	6
雅安	0.6681	0.1216	0.4182	18
资阳	0.8401	0.4645	0.6501	15
重庆主城	3.8187	2.8928	3.2667	2
万州	0.8668	−0.0071	0.4769	16
黔江	0.4884	−0.1840	0.1970	29
涪陵	0.6100	−0.0330	0.3245	21
綦江	0.5814	−0.1128	0.2768	22
大足	0.6858	−0.2628	0.2748	23
长寿	0.5731	−0.2057	0.2352	28
江津	0.7460	0.0467	0.4316	17
永川	0.7569	−0.0585	0.3957	20
合川	0.8782	−0.2243	0.3967	19
南川	0.4610	−0.2304	0.1633	36
潼南	0.4535	−0.2053	0.1692	35
铜梁	0.6446	−0.2562	0.2546	25
荣昌	0.5598	−0.3087	0.1868	32
璧山	0.5107	−0.1090	0.2392	27
梁平	0.5209	−0.2580	0.1855	33

地区	因子 1 得分 F_1	因子 2 得分 F_2	总得分 F	排名
丰都	0.4460	− 0.1267	0.1964	31
垫江	0.5627	− 0.3415	0.1753	34
忠县	0.4497	− 0.1306	0.1969	30
云阳	0.5395	− 0.1263	0.2483	26
开县	0.5051	− 0.0276	0.2685	24

注：综合得分计算公式为 $F = 0.5535 \times F_1 + 0.3986 \times F_2$。

　　各地区的综合得分情况可以在一定程度上反映出各地区的综合实力。如表 6.2 所示，成都综合得分最高，成都和重庆主城区是成渝城市群的中心城市（区）。从其他地区综合得分来看，四川的南充、绵阳、宜宾、达州得分也比较高，南充和绵阳是成渝城市群的区域性中心城市；万州在重庆各区范围内得分比较高，万州是成渝城市群的区域性中心城区。笔者认为，泸州、宜宾分别地处沿江城市带和成德绵乐城市带的中心，可以作为区域性中心城市建设；达州不作为区域性中心城市，是因为达州地处川渝鄂陕交界处，可以作为节点城市建设；资阳和眉山地处成都都市区范围内，广安与成渝发展轴的中心城市南充毗邻，因此这些不具备建设区域性中心城市的条件和优势；遂宁地处成都与重庆两座城市的"地理中心"位置，是成渝城市群的区域中心城市。黔江综合得分低于万州、江津、涪陵、合川、綦江、开县、永川、云阳等区县，但仍可以作为中心城区建设，因为黔江地处渝东南，是渝东南地区最大的城区，也将是渝东南地区的交通枢纽，因此可以作为渝东南地区的中心城区建设，以黔江为中心，建设渝东南都市圈，辐射带动渝东南地区发展。江津、涪陵、合川、綦江、永川地处重庆都市圈范围内，开县和云阳地处沿江城市带边缘区域，与区域中心城区万州毗邻，因此，这些地区可以接受重庆主城区和万州的辐射，不具备建设区域性中心城区的条件和优势。其他城市（区）将作为城市群的重要节点建设。

6.3 城市群合理范围界定分析

6.3.1 基于引力模型边界的判断

6.3.1.1 城市之间的人流量分析

成渝城市群中心城市（区）与其他地区之间的人流量情况如表 6.3 所示。

表 6.3　　　　　　重庆、成都与周边城市人流量情况　　　　单位：万人/年

非中心城市（区）	中心城市（区）		非中心城市（区）	中心城市（区）	
	重庆主城	成都		重庆主城	成都
自贡	133	284	綦江	265	41
泸州	199	445	大足	163	61
德阳	86	498	长寿	371	75
绵阳	138	570	江津	168	4
遂宁	103	374	永川	311	107
内江	283	281	合川	312	136
乐山	79	578	南川	230	2
南充	270	372	潼南	242	162
眉山	44	593	铜梁	310	9
宜宾	137	463	荣昌	163	88
广安	202	154	璧山	89	37
达州	224	301	梁平	141	19
雅安	26	727	丰都	172	26
资阳	131	276	垫江	162	19
万州	633	144	忠县	31	2
黔江	148	9	云阳	180	19
涪陵	270	52	开县	37	2

从各城市之间的人流量可以看出，重庆主城区和成都两大中心城市（区）与各城市（区）之间的人流量大于其他城市（区）之间的人流量。

重庆主城区到重庆下辖各区县和四川各城市的年人流量都很大,成都到四川省其他城市的年人流量也很大,这说明两大核心城市在整个城市群中的辐射范围很广。然而,该城市群内其他城市之间的人流量呈现如下特点:首先,省内城市之间的人流量大于省内城市与省外城市之间的人流量,例如,四川省内城市之间的人流量大于四川各城市与重庆各区县之间的人流量。其次,空间距离邻近的城市之间人流量比空间距离远的城市之间的人流量大,成都与成都都市圈内城市之间的人流量大于与非都市圈城市之间的人流量,重庆与重庆都市圈城市之间的人流量大于重庆与非都市圈之间的人流量,自贡与泸州、内江、乐山、宜宾、资阳之间的人流量大于自贡与省内其他城市之间的人流量,南充与达州、广安、遂宁之间的人流量也大于与其他城市之间的人流量;在重庆也是如此,万州与梁平、云阳、开县、忠县的人流量大于万州与其他区县之间的人流量。不仅如此,重庆与四川相邻近的城市(区)之间的人流量也很大,例如,万州与达州、南充之间的人流量大于这些城市(区)与其他城市(区)之间的人流量,重庆与广安、内江、泸州、遂宁之间的人流量甚至大于成都与广安、内江、泸州、遂宁之间的人流量。再其次,交通基础设施联系紧密的城市之间的人流量大。例如,重庆主城区与丰都之间的人流量大于重庆主城区与江津、南川之间的人流量,成都与南充、达州之间的人流量大于成都与雅安、自贡等城市之间的人流量。

6.3.1.2　城市之间联系强度分析

成渝城市群由两大都市圈和相关城市组成,即成都都市圈和重庆都市圈以及周边相关地区。成渝城市群组成地区较多,如前所述,将重庆主城9区视为一个整体——重庆主城区,则成渝城市群所包括的地区分布不是很集中,很多地区之间并没有直接的联系,这样的情况下,把这些地区之间的经济距离加权值设置为0。各城市之间的联系如表6.4所示。

表 6.4　　　　　　　　　重庆主城、成都与周边地区联系强度

地区	重庆主城	成都	地区	重庆主城	成都
自贡	0.0182	0.0371	綦江	0.0215	0.0077
泸州	0.0235	0.0242	大足	0.0156	0.0124
德阳	0.0088	0.1085	长寿	0.0183	0.0066
绵阳	0.0135	0.1005	江津	0.0503	0.0142
遂宁	0.0239	0.0418	永川	0.0284	0.0148
内江	0.0257	0.0460	合川	0.0356	0.0150
乐山	0.0082	0.0583	南川	0.0064	0.0041
南充	0.0499	0.0672	潼南	0.0081	0.0081
眉山	0.0070	0.0986	铜梁	0.0124	0.0103
宜宾	0.0272	0.0481	荣昌	0.0094	0.0080
广安	0.0343	0.0252	璧山	0.0372	0.0086
达州	0.0274	0.0302	梁平	0.0050	0.0044
雅安	0.0033	0.0303	丰都	0.0078	0.0046
资阳	0.0156	0.0749	垫江	0.0042	0.0047
万州	0.0101	0.0096	忠县	0.0033	0.0043
黔江	0.0043	0.0035	云阳	0.0026	0.0047
涪陵	0.0185	0.0082	开州	0.0035	0.0054

　　从各地区之间的联系强度可以看出，空间距离邻近的地区之间联系强度较大，交通基础设施连接较完善的地区之间联系强度较大，综合实力较强的地区之间联系强度较大；而且，地区之间的联系也与地区之间的人流量呈现比较一致的特征。首先，从表 6.4 中可以看到，重庆主城区与重庆都市圈范围内的地区之间的联系强度大于重庆主城区与重庆都市圈之外地区之间的联系，例如，重庆主城区与江津、合川、永川、綦江、涪陵、璧山、长寿、铜梁、大足之间的联系强度大于重庆主城区与其他地区之间的联系强度。成都都市圈也是如此，例如，成都与眉山、资阳、德阳之间的联系强度大于成都与其他城市之间的联系强度。这说明空间距离邻近的地区之间联系强度较大。其次，交通基础设施连接比较完善的地区之间联系强度也比较大。从表 6.4 中可以看出，重庆主城区与南充、广安之间的联系强度甚至大于重庆主城区与重庆其他县（区）之间的联系强度，这主要是因为南充和广安与重庆主城区不仅在空间上邻近，而且还有比较完善的交通基

础设施相连接，这进一步加强了重庆主城区与这些地区之间的联系强度，重庆主城区的发展也能辐射到这些地区。然而，重庆主城区与云阳、开县、忠县等地区空间距离远，且交通基础设施连接也不完善，因此，重庆主城区与这些地区之间的联系强度也不大；成都与雅安即使在空间距离上比成都与宜宾更近，但是成都与宜宾之间的联系强度比成都与雅安之间的联系强度大，这主要是因为成都与宜宾之间的公路和铁路联系比成都与雅安之间的通勤联系强度大。最后，还可以看到，成都和重庆主城区与各个地区之间都存在一定的联系，联系强弱存在一定的差异，这与各地区的综合实力，以及空间邻近距离和交通基础设施的完善程度有关；各个地级行政区之间出现联系强度为 0 的情况，说明这些地区之间并没有直接的联系。

6.3.1.3 经济隶属度计算与分析

（1）都市圈内的地区与中心城市（区）之间的经济隶属度较高（见表 6.5）。在成渝城市群内部，重庆主城区与江津、合川、永川、璧山，以及四川的南充之间的经济隶属度较高；成都与德阳、绵阳、乐山、南充、眉山、资阳之间的经济隶属度较高。主要原因是上述地区积极融入成渝城市群，加强与中心城市（区）重庆主城区和成都的合作。例如，南充专门出台了《南充市融入成渝地区双城经济圈发展规划（2021—2025 年)》，作为南充当前和今后一个时期融入成渝地区双城经济圈发展的纲领性文件，并与重庆市合川区合作，推动了产业合作示范园区等项目落地。

表 6.5　　　　重庆主城区、成都与周边地区经济隶属度关系

地区	重庆主城区	成都	地区	重庆主城区	成都
自贡	0.0263	0.0337	綦江	0.0311	0.0070
泸州	0.0339	0.0220	大足	0.0226	0.0113
德阳	0.0128	0.0987	长寿	0.0264	0.0060
绵阳	0.0195	0.0914	江津	0.0727	0.0129
遂宁	0.0344	0.0380	永川	0.0410	0.0135

续表

地区	重庆主城区	成都	地区	重庆主城区	成都
内江	0.0371	0.0419	合川	0.0514	0.0137
乐山	0.0118	0.0530	南川	0.0093	0.0038
南充	0.0721	0.0611	潼南	0.0118	0.0074
眉山	0.0100	0.0897	铜梁	0.0179	0.0094
宜宾	0.0393	0.0437	荣昌	0.0135	0.0073
广安	0.0496	0.0229	璧山	0.0537	0.0078
达州	0.0396	0.0275	梁平	0.0073	0.0040
雅安	0.0048	0.0276	丰都	0.0112	0.0042
资阳	0.0225	0.0681	垫江	0.0061	0.0043
万州	0.0542	0.0088	忠县	0.0047	0.0039
黔江	0.0062	0.0032	云阳	0.0038	0.0043
涪陵	0.0267	0.0074	开县	0.0050	0.0049

（2）综合实力较强、空间距离邻近、交通基础设施连接完善的城市之间的隶属度也比较高。在成渝城市群，重庆主城区与南充、广安、遂宁的隶属度甚至大于与重庆主城区邻近的涪陵、长寿，主要是因为重庆与南充、广安、遂宁之间的交通基础设施连接比涪陵、长寿完备，这进一步拉近了重庆与南充、广安、遂宁之间的"经济距离"，另外，南充、广安、遂宁的综合实力也强于涪陵和长寿，这也进一步有助于重庆主城区与这些城市的联系。

在成渝城市群，重庆主城区与云阳之间的经济隶属度低于0.5%，成都与南川、梁平、丰都、垫江、开县、忠县、云阳之间的经济隶属度都小于0.5%，但在实践中，这些城市都划入了成渝城市群的空间范围，这似乎与理论研究结论矛盾，因此，这需要从其他角度对城市群的范围做进一步的讨论。另外，也可以看到，有些地区之间并没有出现直接的联系，特别是有些非中心外围城市（区）与区域性中心城市（区），以及跨省行政区域的城市之间的联系强度很小，甚至可以忽略不计，这与城市群的含义不相符。因此，还需要从其他角度来分析城市群范围，以对从城市之间联系的角度分析城市群范围做补充。

6.3.2 基于生态环境共治的边界判断

成渝城市群三面环山，北面是秦岭和巴山，东面是武陵山区和三峡库区，西面是川滇山区和大小凉山，这些山区组成了秦巴生物多样性生态功能区、三峡库区水土保持生态功能区、武陵山区生物多样性与水土保持生态功能区、川滇森林及生物多样性生态功能区、大小凉山水土保持和生物多样性生态功能区，这五大生态功能区在空间上连成一片，分布于周围的城市有成都、德阳、绵阳、南充、广安、达州、万州、开县、云阳、黔江、乐山，流经江河包括长江、大渡河、岷江、沱江、涪江、嘉陵江、渠江、乌江、赤水河，长江以外的江河都是长江的支流，最终都汇入长江。成渝城市群中，长江沿线从上游到下游依次为宜宾、泸州、重庆都市圈（包括重庆主城区、合川、铜梁、大足、永川、璧山、江津、綦江、南川、涪陵）、丰都、忠县、万州、云阳、开县，大渡河流经的地区为乐山，岷江流经的地区从上游到下游依次为成都和眉山，沱江流经的地区从上游到下游依次为绵阳、资阳、内江和自贡，涪江流经的地区从上游到下游依次为绵阳、遂宁、潼南、铜梁，嘉陵江流经的地区从上游到下游依次为南充、广安、重庆主城区，嘉陵江流经的地区从上游到下游依次为南充、广安、绵阳、合川、重庆主城区，渠江流经的地区从上游到下游依次为达州和广安。

在成渝城市群，各城市发展水平差异明显，产业结构差异也很明显。成都和重庆主城区两大核心发展水平高，产业结构也相对合理，是整个城市群的核心，带动和辐射整个城市群发展。以成都为核心形成的成都都市圈，由成都辐射和带动周边地区发展，但是如果因为空间冲突，导致各城市之间的利益受到冲突，进而会影响整个区域发展；重庆主城区处于长江上游的核心位置，也是其他江河汇入长江的节点，如果其他城市的发展污染到水资源，势必影响重庆主城区的发展。因此，因生态环境的破坏与污染导致的空间冲突，会影响到重庆主城区和成都两大核心区的发展，并进而影响到整个区域的发展，可见，以成都和重庆主城区为核心，划定成渝城市群的范围，将有利于整个长江上游地区的可持续发展。

《成渝城市群发展规划》中也明确指出：要共筑成渝城市群生态屏障，"强化省级统筹，推动毗邻地区与川西、川北、渝东南等共建川滇森林及生物多样性生态功能区、大小凉山水土保持和生物多样性生态功能区、武陵山区生物多样性与水土保持生态功能区、秦巴生物多样性生态功能区、三峡库区水源涵养与水土保持生态功能区"；共建生态廊道，"构建以长江、岷江、大渡河、沱江、涪江、嘉陵江、渠江、乌江、赤水河为主体的城市群生态廊道"，"依托龙门山、龙泉山、华蓥山及盆地南北部边缘和川中等自然丘陵、山体，构建城市群生态隔离带"；共保城市生态空间，"渝东北生态涵养发展区要坚持点上开发、面上保护，突出生态涵养和生态屏障功能，集中开发建设万（州）—开（县）—云（阳）一体化发展区。渝东南生态保护发展区要突出生态保护和生态修复功能，增强黔江的区域辐射带动作用，推动石柱等地实现集约式开发、绿色化发展"；深化跨区域水污染联防联治，"推进长江干流、岷江、沱江、渠江、乌江、嘉陵江等水污染防治，加快实施内河航道能源清洁化工程，大力推进实施'气化长江'工程"；《成渝城市群发展规划》中还提到要联手打好大气污染防治攻坚战、加强固废危废污染联防联治。可见，《成渝城市群发展规划》中明确提出了成渝城市群建设中需要实施生态环境共治。这也与本书的理论分析一致，即可以从生态环境共治的角度来确定城市群的范围。

在分析成渝城市群中心城市（区）与外围城市（区）之间的经济联系时，笔者发现，云阳、南川、梁平、丰都、垫江、开县、忠县等地区与中心城市（区）之间的经济隶属度小于 0.5%，但在《成渝城市群发展规制》中明确把这些地区纳入了成渝城市群的范围，《成渝地区双城经济圈建设规划纲要》也把这些地区纳入了成渝地区双城经济圈范围。这主要是因为这些地区与中心城市（区）及其他地区处于同一生态环境系统内，例如，南川与宜宾、泸州和重庆主城区等地区和区域共处长江生态廊道和川南丘陵生态走廊等生态系统内，云阳、梁平、丰都、垫江、开县、忠县等地区与其他地区共处华蓥岭谷生态走廊和川北盆缘山地生态走廊等生态系统内，云阳、忠县、开县与万州和重庆主城区共处长江生态廊道，因此把上述城市纳入城市群的范围是合理的。另外，可以看到，四川的广元和巴中，重庆的武隆、彭水、石柱、酉阳，并没被划入城市群的空间范围，但是这些地区却与《成渝城市群发展规制》中所划定的城市群范围共处同一生态环境系统，例如广元与南充等城市共处嘉陵江生态廊道、巴中与达州等城市共处渠江生态走廊，不仅如此，巴中和广元北面接壤秦巴生物多样性生态功能区；而武隆、彭水、石柱、酉阳与黔江共处武陵山区生物多样性与水土保持生态功能区；在《全国主体功能区规划》中，秦巴生物多样性生态功能区、武陵山区生物多样性与水土保持生态功能区都属于限制开发区。既然上述地区已经属于限制开发区，那么，它们的发展就以保护生态环境为优先，可以不纳入成渝城市群的范围。另外，把黔江纳入成渝城市群的范围后，可以先围绕黔江，打造以生态为主的区域性城市群或都市圈。

综上所述，基于生态环境共治，《成渝城市群发展规制》关于成渝城市群范围的界定比较合理。

6.3.3 基于区域发展战略的边界判断

前面已经从城市之间的联系和生态环境共治的角度分析了成渝城市群的范围，但是有些城市之间的联系不一定很紧密，这些城市也被纳入了城市群的范围，因为，除了从生态环境共治的角度考虑外，还需要从发展战略的角度考虑，未来的交通规划将使这些地区的交通基础设施更加完备，与其他城市群的交流也更加紧密。

从城市群内部各城市之间的交通联系来看，形成以重庆主城区和成都为枢纽，绵阳、南充、达州、万州、泸州、宜宾、乐山、合川、遂宁以及内江等地区为节点的航运、铁路和公路为主的交通网络体系，将使城市之间的联系更加紧密，中心城市的辐射带动能力更加强劲。随着一系列新的区域发展战略的实施，大量交通干线建设将逐步完成，成渝城市群内部各城市的联系将进一步紧密。例如，《成渝城市群发展规划》提出要"以长江上游航运中心和重庆、成都两大综合交通枢纽建设为核心，以高速铁路、城际铁路和高速公路为骨干，构建安全、便捷、高效、绿色、经济的综合交通运输网络"，同时筹划建设一系列的交通基础设施项目，包括铁路、公路、水路、铁路枢纽、港口枢纽和机场枢纽。2021 年 10 月中共中央、国务院印发的《成渝地区双城经济圈建设规划纲要》提出，"支持黔江建设渝东南区域中心城市""成都至西宁、重庆至昆明、成都至自贡至宜宾、重庆至黔江、郑州至万州铁路襄阳至万州段等铁路项目"。2022 年 8 月重庆市和四川省政府联合印发的《重庆都市圈发展规划》提出，"东南向，依托重庆至黔江高铁、渝怀铁路、乌江航道等交通廊道，联动武隆等周边区（市、县）一体化发展""加快建设成渝中线、渝昆、渝万高铁、重庆至黔江高铁"。《重庆市新型城镇化规划（2021—2035 年)》提出，"支持黔江建设渝东南区域中心城市""建设武陵山区综合交通枢纽、公共服务高地和渝东南重要经济中心"。

因此，即使当前黔江区与城市群内部其他城市在空间上的接近程度不是很高，但是随着一系列区域发展战略的落地实施，交通基础设施建设的完工，黔江作为渝东南中心城市的作用和地位也将进一步凸显，战略地位将更加突出。因此，把黔江纳入成渝城市群范围具有战略意义。

6.4　城市群内部规模分析

6.4.1　城市群城市规模的空间分布

6.4.1.1　从行政体系和人口规模分析城市规模空间分布特征

在成渝城市群内部，包含直辖市重庆和副省级城市成都，这两个城市是成渝城市群的中心城市，辐射带动整个城市群发展，万州、黔江、绵阳、南充、乐山、泸州和宜宾是整个城市群的区域性中心城市（区），其他地区是城市群的节点城市。

表 6.6 　　　　　　　　　　　　成渝城市群内部地区人口规模分布

城市群	人口规模	城市数量（个）
成渝城市群	1000 万人以上的超大城市	1
	500 万~1000 万人的地区	1
	300 万~500 万人的地区	0
	100 万~300 万人的地区	12
	50 万~100 万人的地区	10
	50 万人以下的地区	12

6.4.1.2　城市群城市等级规模分形特征分析

考虑到市区常住人口数据的可得性，以成渝城市群各城市常住城镇人口来分析城市等级规模分形特征指标。在计算过程中，把重庆主城 9 区作为一个统一单元计算。结果如表 6.7 所示。

表 6.7 　　　　　　　成渝城市群城市等级规模分形特征指标比较

指标	数值
首位城市规模（万人）	1015.6
城市首位度	1.7093
4 城市指数	0.9750
11 城市指数	0.9346
变差系数	1.4285
偏态系数	3.8398

从表 6.7 中可以看到，从首位城市来看，成渝城市群城市首位度为 1.7093，成渝城市群各等级城市规模分布差距明显，首位城市发展程度比较高，人口分布比较集中，成渝城市群人口主要分布在成都和重庆主城区。

变差系数和偏态系数分别为 1.4285 和 3.8398，反映出城市群内部差距比较明显，各城市偏离平均值较多，城市群内部发展不平衡。另外，成渝城市群首位度、4 城市指数、变差系数三个指标数值相对较高，而 11 城市指数值和偏态系数值相对较小，这表明成渝城市群大城市人口比较集中。

6.4.2 成渝城市群的位序 – 规模分析

6.4.2.1 成渝人口规模分布特征

由图 6.2 可知，成渝城市群人口规模 – 位序回归方程的可决系数 R^2 为 0.9660，这表明回归方程的拟合优度比较好，可见成渝城市群人口规模分布具有明显的分形特征。成渝城市群的齐普夫维数值为 0.9867 < 1，表明成渝城市群大中型城市发展得比较好，人口规模分布相对集中。

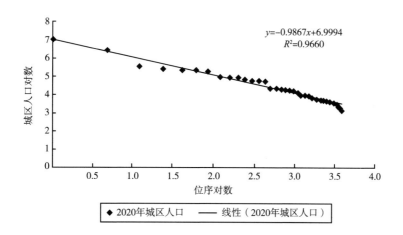

$$y = -0.9867x + 6.9994$$
$$R^2 = 0.9660$$

◆ 2020年城区人口　—— 线性（2020年城区人口）

图 6.2 成渝城市群人口位序 – 规模回归分析

6.4.2.2 成渝城市群经济规模分布特征

利用位序 – 规模分析模型，选取成渝城市群各地区 GDP 与地区位序进行回归，检验成渝城市群经济规模分布特征。具体如图 6.3 所示。

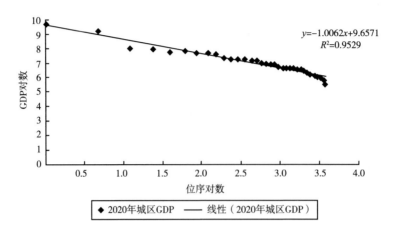

$$y = -1.0062x + 9.6571$$
$$R^2 = 0.9529$$

◆ 2020年城区GDP —— 线性（2020年城区GDP）

图6.3　成渝城市群经济位序 - 规模回归分析

从回归结果来看，成渝城市群经济位序 - 规模回归方程的可决系数为0.9529，表明方程拟合优度较好。成渝城市群的齐普夫维数值为1.0062，接近1，表明成渝城市群内部经济规模分布相对均衡，城市间经济发展差距相对较小。这可以从城市群内部各地区 GDP 情况来分析，如图 6.4 所示，除了中心城市（区）成都和重庆主城区的发展水平比较高外，其他地区发展相对均衡，并没有出现明显的发展差异。

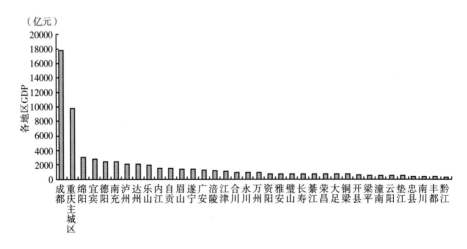

图6.4　成渝城市群各地区 GDP 分布情况

6.4.2.3 成渝城市群空间规模分布特征

选取成渝城市群内部各地区面积与地区位序进行回归，来检验城市群空间规模分布。回归结果如图6.5所示。

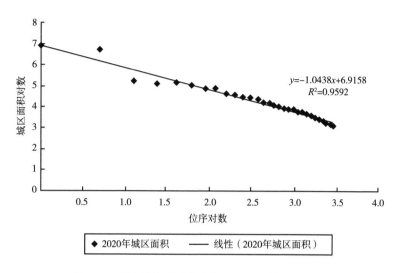

图 6.5　成渝城市群城市空间位序 – 规模回归分析

从成渝城市群空间位序 – 规模的回归结果来看，回归方程的可决系数为0.9592，表明该回归方程的拟合优度高，说明成渝城市群内部各城市空间规模分布也存在一定的分形特征。成渝城市群的齐普夫维数值为1.0438，大于1，这表明成渝城市群内部城市空间规模分布相对均衡，这主要是因为中小城市空间规模相对均衡。

综上所述，把成渝城市群内部城市人口规模、经济规模、空间规模三个方面的数据与城市位序进行回归，发现各回归方程的拟合优度较好，表明城市群的人口、经济和空间规模分布呈现一定的规律性，城市群分布表现出一定的分形特征。成渝城市群人口规模分布相对集中，主要分布在大城市，而经济规模分布、城市空间规模分布相对均衡。

6.5 城市职能互补分析

选用各城市各行业从业人员数为基础数据，利用第4章计算职能分工指数的公式来计算各城市职能分工指数，分析成渝城市群内部各城市职能分工情况。由于重庆各区分行业就业人数难以获得，因此，在计算职能分工指数时，把重庆作为一个整体来计算。各城市群内部城市的功能分工指数具体数据如表6.8所示。

表6.8　　　　　　　　成渝城市群各城市功能分工指数

序号	城市	2005年	2014年	2020年
1	重庆	0.9789	1.1964	0.8168
2	成都	2.1513	1.2648	1.5851
3	自贡	0.2902	0.4141	0.6681
4	泸州	0.6655	0.6437	0.9336
5	德阳	0.4746	0.3735	0.2032
6	绵阳	0.2634	0.3765	0.4070
7	遂宁	1.0208	0.5045	0.3713
8	内江	0.1093	0.1477	0.4799
9	乐山	0.7790	0.3604	0.4044
10	南充	1.0422	0.8923	1.1758
11	宜宾	0.2242	0.3785	0.2216
12	广安	0.4924	0.6318	0.3161
13	达州	1.6701	0.4597	0.3811
14	资阳	0.3864	0.6109	0.4751
15	眉山	0.1888	0.1452	0.3164
16	雅安	0.8801	0.5579	1.0427

从表6.8可以看出，2005年，成都、遂宁、南充、达州等城市的功能分工指数大于1，其他城市小于1，表明在城市群范围内这四个城市的管理部门相对集中且功能专业化程度较高，其他城市的生产制造业部门相对集

中但功能专业化程度较低；2014 年，重庆和成都两个城市的功能分工指数大于 1，其他城市都小于 1，表明管理部门在重庆和成都这两个城市相对集中，这两个城市的功能专业化程度较高，生产制造业部门在其他城市相对集中，其他城市的功能专业化程度较低；2020 年，成都、南充、雅安三个城市功能分工指数大于 1，其他城市都小于 1，这表明管理部门在成都、南充、雅安这三个城市相对集中，这三个城市的功能专业化程度较高，生产制造业部门在其他城市相对集中，其他城市的功能专业化程度较低。

从各城市功能分工指数变化趋势（见图 6.6）来看，重庆功能分工指数呈现下降的趋势，而成都呈现上升的趋势，这表明管理部门开始向成都集中，而生产制造业部门开始呈现向重庆集中的趋势。自贡、泸州、绵阳、内江、南充、雅安等城市功能分工指数呈现一定的上升趋势，2020 年除南充、雅安外，其他城市功能分工指数仍小于 1，功能专业化程度较低；德阳、遂宁、乐山、宜宾、广安、达州、资阳等城市功能分工指数呈现明显的下降趋势，表明这些城市的功能分工程度出现明显的下降。可见，整个成渝城市群重庆和成都的功能专业化程度较高，而其他城市的功能专业化程度较低，管理部门仍然集中在重庆和成都这两个城市，而生产制造业部门主要集中在其他城市。

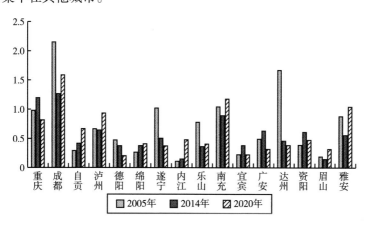

图 6.6 成渝城市群内部各城市 2005 年、2014 年和 2020 年功能分工指数变化趋势

6.6　本章小结

本章首先利用中心城市理论构建了确定中心城市的指标体系，检验的结果与《成渝城市群规划》中确定的中心城市和各等级城市名目基本一致。其次，利用前文分析界定城市群空间范围的理论框架分析了成渝城市群的空间范围，计算和分析了城市群内部各城市之间的人流量、各城市之间的联系强度，结果表明，有些非中心城市之间并没有直接的联系，有些城市之间的联系强度很弱，这也表明单纯从城市之间的联系来确定城市群的空间范围存在一定的不足，还需要从生态环境共治和区域发展战略的角度来弥补从城市群联系强度角度分析城市群空间范围的不足。再其次，本章从城市群生态环境共治和区域发展战略的角度对城市群范围做进一步的分析。认为从区域发展战略视角考虑黔江纳入成渝城市群范围是合理的，因此，成渝城市群的合理范围包括 44 个地区，即重庆市的渝中、万州、涪陵、大渡口、江北、沙坪坝、九龙坡、南岸、北碚、綦江、大足、渝北、巴南、长寿、江津、合川、永川、南川、潼南、铜梁、荣昌、璧山、梁平、丰都、垫江、忠县、开县、云阳、黔江等 29 个区县，四川省的成都、自贡、泸州、德阳、绵阳、遂宁、内江、乐山、南充、眉山、宜宾、广安、达州、雅安、资阳等 15 个市。最后，本章从人口、经济和空间面积三个方面检验了城市群的空间规模等级分布，认为成渝城市群内部城市基本上呈现一定的等级规模分布。

第 7 章　结论和展望

　　城市群已经成为区域经济协调发展的主要形式，新型城镇化的主体形态。我国各级政府都在积极规划城市群的空间形态，以谋求本地经济发展。城市群的空间范围是城市群规划中的一个重要环节，受多方面因素的影响。本书构建了一个分析城市群空间范围的理论分析框架，以"趋向鼎盛阶段""迈向成熟阶段""快速发育阶段"三种类型的城市群为例，对本书的理论框架进行验证，并分析和界定这三类城市群的合理范围。城市群合理范围的界定需要一个复杂的过程，本书界定城市群空间范围的理论框架仍存在一定的不足，这也是未来需要进一步研究的内容。本章将总结前面对城市群范围界定的研究结论和启示，同时对本书的不足之处以及未来的研究展望做进一步的阐述。

7.1　本书的主要结论

　　本书从理论和实证两个方面对城市群范围进行了研究。因此，本书主要的研究结论包括理论研究结论和实证研究结论两部分。

7.1.1　理论分析框架结论

　　本书从城市之间的引力模型、生态环境共治、区域发展战略三个角度分析且构建了界定城市群范围的理论分析框架。传统的引力模型直接计算城市之间的联系，并没有考虑城市之间联系的背后机理，本书在已有研究的基础上，从经济学理论的角度，以城市之间的人口流动为例，阐述了城市之间联系背后的机理。

（1）从城市规模、经济发展、社会发展、科技创新四个方面分析城市的"中心性"，以选择和确定中心城市。中心地理论认为每个城市群体系都有中心城市；中心城市能够服务周边城市，主要在于中心城市的中心性。中心城市的中心性在于中心城市提供的"中心商品"。"中心商品"是中心城市综合实力的表现。因此，需要从多个方面综合确定中心城市的"中心性"。本书从城市规模、经济发展、社会发展、科技创新四个方面来确定中心城市的"中心性"。增长极理论认为中心城市应该对整个区域的发展起到辐射带动作用，即中心城市的"中心性"高，也即综合实力强的城市对整个区域的发展有着重要的作用，其发展能够辐射带动周边城市发展。事实上，城市群正是以大城市为核心，带动周边城市发展。

（2）从理论上分析城市之间联系的机理。在确定了中心城市选择的理论后，本书开始构建城市群范围的理论分析框架。以城市之间人口流动为切入点，分析城市之间人口流动，从经济学理论的角度分析认为，既有阻碍城市之间人口流动的因素，也有吸引城市之间人口流动的因素，并指出城市的社会经济综合发展水平会促进城市之间的人口流动，而流动成本会阻碍城市之间的人口流动，进而阐明了城市之间联系的机理。同时，本书认为，由于一个城市和多个城市之间存在联系，因此，可以用隶属度来进一步衡量一个城市与其联系的各个城市的紧密度。

（3）从理论上分析如何从生态环境共治和区域发展战略两个视角进一步确定城市群的范围。城市之间的联系强度和经济隶属度还不足以用来界定城市群的范围，因为有些城市和中心城市，或者其他城市之间并没有直接的联系，因此还需要其他角度，如从生态环境共治和发展战略的角度进一步确定城市群的空间范围。城市群是一个生态环境共治区域，发达城市可以通过对欠发达城市实行利益补偿，建立协同机制，降低环境治理成本，共同保护和治理生态环境，共享生态利益，避免各城市在发展过程中形成"空间冲突"，实现负的外部性内部化，提高区域整体福利，实现区域整体发展。然而，如果仅从城市之间联系和生态环境共治的角度界定城市群范围仍有欠缺，因为生态环境共治主要是通过生态环境实现城市之间的联系，有些城市可能并不在生态环境区域中，但是其又与其他城市在空间接近，随着区域发展战略的实施，一系列交通基础设施建成，这些城市与城市群其他城市之间的联系将加强，因此这些城市也可以纳入城市群的范围。

7.1.2　实证研究结论

（1）本书以长江三角洲城市群、珠江三角洲城市群、京津冀城市群和成渝城市群为例，利用本书所构建的理论框架分别分析和界定了趋向鼎盛阶段城市群的合理范围、迈向成熟阶段城市群的合理范围和快速发育阶段城市群的合理范围。首先，从城市群的定义出发，分析和界定城市群的中心城市，将各城市群内部综合实力强的城市作为中心城市；然后，分别从城市人口分布、城市经济分布和城市空间规模分布三个方面验证城市群内部各城市的位序–规模分布，结果发现各城市群内部城市均呈现一定的规模分布特征，但各城市群仍存在中心城市优势非常明显的现象，导致各城市人口、经济等指标位序–规模分布现象也呈现集中或分散特征。

（2）从对各大城市群空间范围的分析来看，如果仅从城市之间联系的角度来界定城市群空间范围存在明显的不足，因为，通过计算发现，有些城市之间并没有直接联系，如果按照城市群之间必须存在一定联系的要求和规定，很多城市并不满足纳入城市群范围的要求，但在一些城市群发展规划中却把这些城市纳入了城市群的范围，这可以从生态环境共治和区域发展战略的视角进行解释。从生态环境共治和区域发展战略两个角度对城市群范围做进一步界定，发现当前与中心城市联系不强的城市仍然可以纳入城市群范围，而且城市群规划中也特别强调了城市之间的生态环境联防共治，以及交通基础设施的互联互通。因此，需要从城市之间的联系、生态环境共治和区域发展战略三个方面来界定城市群空间范围。本书的结论认为，长江三角洲城市群的合理范围应该包括 26 大城市，即上海、南京、杭州、宁波、合肥、无锡、常州、苏州、南通、扬州、镇江、泰州、盐城、嘉兴、湖州、绍兴、温州、舟山、台州、芜湖、马鞍山、铜陵、安庆、滁州、池州、宣城。珠江三角洲城市群的合理范围应该包括广州、深圳、佛山、中山、珠海、江门、东莞、惠州，以及肇庆的端州、鼎湖、高要、四会四地，清远的清城、清新、英德、佛冈四地。京津冀城市群的合理范围应该包括京津冀三省市全境，内蒙古、山东和山西的相关城市纳入京津冀城市群范围欠缺合理性。成渝城市群的合理范围应该包括 44 个地区，即重庆的渝中、万州、黔江、涪陵、大渡口、江北、沙坪坝、九龙坡、南岸、北碚、綦江、大足、渝北、巴南、长寿、江津、合川、永川、南川、潼南、铜梁、荣昌、璧山、梁平、丰都、垫江、忠县、开县、云阳等 29 个区县，四川的成都、自贡、泸州、德阳、绵阳、遂宁、内江、乐山、南充、眉山、宜宾、广安、达州、雅安、资阳等 15 个市。

（3）通过对各城市群内部城市经济发展空间联系的检验发现，各城市群各城市经济发展在空间上的联系都比较显著。

7.2 相关启示

从本书的研究结论中，笔者得到以下启示：在界定城市群的空间范围时需要从多角度考虑，已经规划的城市群不但需要尽快建立和完善多层次的协调机制，还需要进一步完善基础设施建设。

7.2.1 多角度界定城市群的空间范围

无论是理论研究还是实证研究都发现，要从城市之间的联系强度、生态环境共治和区域发展战略等多个角度界定城市群的范围。单纯地从一个方面来界定城市群的范围将存在一定的不足。因为随着经济的发展和社会的进步，处于不同发展阶段的城市之间的联系将逐渐紧密，与此同时，各城市的经济发展也不一样，各城市在经济发展过程中对生态环境资源承载能力的需求也不一致。因此，处于同一生态环境系统中的城市可能因发展通过生态环境产生"空间冲突"，进而带来一些负的外部性，影响整个区域的发展，而且各城市单独治理生态环境的效果并不显著。如果城市之间组成城市共同体，建立生态环境协调共治机制，则不但有利于各城市顺利开展生态环境治理，还有利于整个城市群的生态环境治理。另外，随着一些区域发展战略的实施，交通基础设施不断完善，一些原来联系并不那么紧密或者没有直接联系的城市，会不断加强彼此之间的联系；而且这些城市由于与城市群在空间上邻近，从未来发展的趋势来看，可以把这些城市纳入城市群的范围。所以，界定城市群的范围时，不仅仅要考虑城市之间的联系，还需要从生态环境共治和区域发展战略等多个方面进行考虑，以更加全面、合理地界定城市群的范围。

7.2.2 建立和完善多层次的协调机制

城市群是由不同城市组成的城市集合体，各城市也是独立的行政主体，各城市之间为了自身发展，相互之间会存在一定的竞争。因此需要综合考虑各城市所处地域环境、经济发展阶段以及行政组成，建立多层次的协调机制。

首先，要建立城市群统一协调机构。我国城市群规划刚刚起步，还没有建立统一的协调机构，而城市群内部各城市作为城市群中的一个子系统，需要在与其他城市相互联系、相互调节、相互耦合的情况下，才能确保整个城市群系统持续稳定发展，因此需要加快建立一个统一协调机构。要在国家层面建立一个城市群统一协调机构，以协调处理跨省城市之间的联系。由国家相关部委牵头，成立城市群统一协调机构，统一规划城市群发展，在生态环境共治、交通基础设施等跨省项目建设方面协调省际之间的利益关系，避免因利益冲突，阻碍城市群持续发展；定期召开协调会议，调度城市群项目建设进展，调度城市群发展战略和政策的实施情况，指导和保证城市群发展的政策得到落实，及时监测城市群发展动向，及时发现城市群发展过程中出现的问题，并出台相关政策措施解决城市群发展中出现的问题，以避免城市群出现无序发展、无效发展、各自发展，促进城市群健康、协调、可持续发展。

其次，要建立政府间协调机构。除了从国家层面建立协调结构外，还需要城市群内部各城市发挥积极性，建立协调机构。由于各城市群的空间范围都是跨越省级行政边界的，因此，要由省级政府牵头，建立跨省级的、具有权威性和指导性的专门城市群联合管理行政机构或委员会，并且能够协调城市群内部各城市的行动，消除因行政区划带来的市场壁垒，确保城市群内部各城市市场统一、规划统一、发展政策协调，监督各城市积极实施中央政府关于城市群发展的相关政策。成立"市长联席会议"，并定期召开，商议城市群发展事项，使"市长联席会议"成为促进城市群发展的议事机构和协商结构。另外，各城市政府的职能部门，例如、交通、旅游、科技、商务等，也要建立协调机制，衔接城市群发展政策落实情况，确保城市群发展政策落地并协调一致。

再其次，鼓励建立跨城市的民间组织机构。城市之间的联系主要在于民间的交流，在建立政府协调机制的基础上，鼓励和支持城市民间交流，鼓励和支持企业在城市群内部跨城市行政边界布局生产，准许企业建立跨城市区域的销售网络。鼓励和支持建立非政府组织，包括企业联合会、行业协会和商会等非政府组织。引导和支持非政府组织在城市群的发展中发挥应有的作用，充分发挥非政府组织的中介作用，协助政府制定相关城市群发展的政策；发挥行业协会在协助制定产业政策和产业发展规划方面的作用；发挥企业联合会、行业协会和商会在搭建合作与交流平台中的作用，组织和联络城市群企业开展合作和开拓市场，沟通市场信息，传达政府政策，制定行业发展自律规制，形成促进城市群健康、协调发展的力量。

最后，建立平等合作与利益共享、补偿机制。现有规划的城市群中，成渝城市群和长江中游城市群的空间范围中，有些地级市是部分县区划入城市群的空间范围，这就需要城市群抛弃行政等级，建立市、县之间平等的对话和协调机制。由于城市群内部各城市发展不均衡，因此，政策的制定和实施过程中，要根据各城市实际发展情况，根据利益兼顾、适当补偿的原则，尝试对参与城市群分工与合作的利益受损方给予一定的利益补偿；尝试建立城市群利益补偿基金，给予欠发达城市在资金、技术、人才等方面一定的补偿；尝试建立生态利益补偿机制，发达地区可以尝试通过财政转移支付，支持欠发达地区产业结构转型升级，避免欠发达地区发展落后产业污染或破坏生态环境。

7.2.3　进一步完善基础设施建设

交通基础设施在加强城市群内部城市之间的联系方面起着不可或缺的作用。当前，各城市群内部各城市之间的交通基础设施仍有待进一步完善，因此，需要从各方面进一步加强和完善城市群内部交通基础设施的建设。

首先，建设网络化的基础设施架构。加快编制统一的交通基础设施规划，建设中心城市到各非中心城市的城际铁路、高速公路等交通基础设施，继续完善现有的区域性中心城市的放射状交通基础设施体系。加强中心城市与非中心城市之间的联系，提高中心城市对非中心城市的辐射。加快建设非中心城市之间的快速交通基础设施建设，加强区域性中心城市和各非中心城市之间的联系，各非中心城市之间相互联系。整个城市群的交通基础设施应形成中心城市到非中心城市、区域性中心城市到各非中心城市、非中心城市之间的网络化交通基础设施架构，实现整个城市群从封闭式单中心空间格局向开放式多核心网络化格局转变，促进城市之间的职能有效优化和高效分工。

其次，构建无缝衔接的基础设施体系。交通基础设施可以加强城市之间的联系。对城市之间出现的断头路，要坚决消灭，实现城市之间的交通无缝衔接。加强城际交通网建设，以城际铁路联通城市群内的铁路和城际交通轨道，实现各类交通之间的无缝衔接。降低和取消各城市间的高速公路收费，实现邻近城市间的公共交通通勤，加强城乡之间的公共交通联系，在城郊或者两城市相近地区尽量设立城市轨道交通站点，实现城市交通基础设施的无缝衔接。

最后，构建一体化的综合交通节点。以各级中心城市为核心，加强交通枢纽建设。重点建设铁路、公路和航运等多功能综合交通枢纽，把各城市群中心城市建设成为城市群综合交通体系的最高节点。加强区域性中心城市交通枢纽建设，根据各区域性中心城市实际情况，分类建设各区域性中心城市的交通枢纽职能，避免重复建设。在交通枢纽建设过程中，除了客运设施建设外，还要加强货运物流设施建设，以建设现代物流为中心，以货物运输系统为重点，把中心城市和区域性中心城市打造成为重要的物流集散地，充分发挥现代物流业对城市群发展的促进作用。

7.3 研究展望

城市群空间范围的界定是一个庞大的系统工程，广泛涉及区域和城市的社会、经济、文化、生态环境等各方面。尽管本书试图构建界定城市群空间范围的较为完整的分析框架，但仍存在有待进一步完善之处。根据当前国内外关于城市群空间范围的研究现状，以及城市群的发展趋势，还需要从以下几个方面对城市群空间范围界定框架做进一步完善。

第一，构建一个一般动态均衡分析框架来界定城市群的空间范围。可以从假设城市群的空间范围处于一个均衡的状态开始，构建一个一般动态均衡分析框架来分析有哪些因素会影响均衡状态，这些因素也将是影响城市群空间范围的因素，进而可以用这些因素界定城市群的空间范围。利用一般动态均衡分析框架可以动态地界定城市群的空间范围。因此，构建一个一般动态均衡分析框架来分析界定城市群的空间范围可以作为下一步的研究方向。

第二，城市群空间范围是一个较为宽泛的概念，对城市群空间范围的界定涉及的相关因素比较多，受各方面条件的限制，很难做到面面俱到。本书在做城市之间联系的经验分析时，仅仅考虑了城市之间的人口流动；分析城市之间的空间联系时，也只分析了城市之间经济发展的空间联系。而对于城市群内各城市之间的职能相互影响、产业关联性等方面，以及互联网技术的发展对城市之间联系的影响，本书并没做深入的研究，这是以后的研究中有待进一步加强的地方，有必要在以后的研究中做专题研究。

第三，由于很多难以预测的原因，城市群内部各城市之间建立统一协调的机制是比较艰难的。我国城市群的规划发展处于刚起步阶段，如何建立统一协调机制，实现城市群作为一个整体协调发展，并没有经验可以借鉴。由于城市群是由多个城市组成，如何合理地界定城市群的空间范围，以便在规划城市群的发展过程中，关注各主体利益，建立统一协调的机制，仍然是未来城市群空间范围界定的研究方向。

参 考 文 献

［1］阿尔伯特·赫希曼．经济发展战略［M］．曹征海，潘照东，译．北京：经济科学出版社，1996．

［2］埃比尼泽·霍华德．明日的田园城市［M］．金经元，译，北京：商务印书馆，2000．

［3］陈群元，宋玉祥．城市群空间范围的综合界定方法研究——以长株潭城市群为例［J］．地理科学，2010，30（5）：660－666．

［4］陈伟，修春亮．新时期城市群理论内涵的再认知［J］．地理科学进展，2021，40（5）：848－857．

［5］陈伟．基于可达性的中国城市群空间范围识别研究［J］．地理研究，2020，39（12）：2808－2820．

［6］代合治．中国城市群的界定及其分布研究［J］．地域研究与开发，1998，17（2）：40－43．

［7］方创琳，宋吉涛，蔺雪芹．中国城市群可持续发展理论与实践［M］．北京：科学出版社，2010．

［8］方创琳，张舰．中国城市群形成发育的政策保障机制与对策建议［J］．中国人口·资源与环境，2011，21（10）：107－113．

［9］方创琳．城市群空间范围识别标准的研究进展与基本判断［J］．城市规划学刊，2009（3）：1－5．

［10］方创琳．中国城市群形成发育的新格局及新趋向［J］．地理科

学，2011，31（9）：1025 – 1034.

［11］费琪雯. 哈长城市群空间范围界定、评价与发展对策［D］. 长春：东北师范大学，2015.

［12］弗郎索瓦·佩鲁. 新发展观［M］. 张宁，丰子义，译. 北京：华夏出版社，1987.

［13］高汝熹，罗明义. 城市圈域经济论［M］. 昆明：云南大学出版社，1998.

［14］葛莹等. 基于边际 K 函数的长三角地区城市群经济空间划分［J］. 地理学报，2015，70（4）：528 – 538.

［15］葛莹，姚士谋，蒲英霞. 试论城市体系的微观经济分析［J］. 南京社会科学，2005（3）：40 – 43.

［16］谷景祎，周廷刚，郭丽敏. 基于断裂点理论与加权 Voronoi 图的京津冀地区城市影响范围研究［J］. 地理与地理信息科学，2014，30（1）：65 – 69.

［17］顾朝林，于涛方，陈金永. 大都市伸展区：全球化时代中国大都市地区发展新特征［J］. 规划师，2002，18（2）：16 – 20.

［18］顾朝林，张敏. 长江三角洲城市连绵区发展战略研究［J］. 现代城市研究，2000（1）：7 – 11.

［19］关晓光，刘柳. 基于修正引力模型的京津冀城市群空间联系分析［J］. 城市问题，2014（11）：21 – 26.

［20］郝景芳. 基于面板数据引力模型的中国对外贸易研究［D］. 北京：清华大学，2012.

［21］何丹，单冲，张盼盼，等. 基于大学生认知地图的长江中游城市群空间范围认知［J］. 地理研究，2018，37（9）：1818 – 1831.

［22］胡若隐. 从地方分治到参与共治：中国流域水污染治理研究［M］. 北京：北京大学出版社，2012.

［23］黄黎明. 中国城市化道路初探［M］. 北京：中国建筑工业出版

社，1989.

[24] 黄云鹏，顾海兵. 中西部经济中心城市确定的实证分析 [J]. 数量经济技术经济研究，1997 (9)：29 – 36.

[25] 黄征学. 城市群：理论与实践 [M]. 北京：经济科学出版，2014.

[26] 江曼琦. 对城市群及其相关概念的重新认识 [J]. 城市发展研究，2013，20 (5)：30 – 35.

[27] 蒋勇，黄鹄. 广西北部湾经济区城市群空间一体化机制及策略探讨 [J]. 热带地理，2009，29 (1)：43 – 47.

[28] 劳昕，沈体雁，孔赟珑. 中国城市规模分布实证研究——基于微观空间数据和城市聚类算法的探索 [J]. 浙江大学学报（人文社会科学版），2015 (2)：120 – 132.

[29] 李佳. 中国大陆城市群空间范围识别及其特征分析 [J]. 测绘学报，2020，49 (3)：401.

[30] 李廉水，Stough R R. 都市圈发展：理论演化·国际经验·中国特色 [M]. 北京：科学出版社，2006.

[31] 李小建，李国平，曾刚，等. 经济地理学 [M]. 北京：高等教育出版社，1999.

[32] 李煜伟，倪鹏飞. 外部性、运输网络与城市群经济增长 [J]. 中国社会科学，2013 (3)：22 – 42.

[33] 梁泽等. 基于夜光遥感影像与百度 POI 数据的中国城市群空间范围识别方法 [J]. 地理研究，2020，39 (1)：92 – 102.

[34] 林平，杜姗姗. 基于 GIS 和计量模型的首都城市群空间范围界定 [J]. 北京联合大学学报，2015，29 (3)：58 – 66.

[35] 林毅夫，刘培林. 地方保护和市场分割：从发展战略的角度考察 [D]. 北京大学中国经济研究中心工作论文，2004.

[36] 刘静玉，王发曾. 城市群形成发展的动力机制研究 [J]. 开发研

究，2004（6）：12 – 18.

［37］刘荣增. 城镇密集区发展演化机制与整合［M］. 北京：经济科学出版社，2003.

［38］刘生龙. 中国跨省人口迁移的影响因素分析［J］. 数量经济技术经济研究，2014（4）：83 – 98.

［39］刘晏伶，冯健. 中国人口迁移特征及其影响因素——基于第六次人口普查数据的分析［J］. 人文地理，2014（2）：129 – 137.

［40］刘耀彬，张安军. 江西省城市中心性测度及其中心城市选取分析［J］. 商业研究，2009（7）：208 – 209.

［41］刘玉亭，王勇，吴丽娟. 城市群概念、形成机制及其未来研究方向评述［J］. 人文地理，2013（1）：62 – 68.

［42］卢伟. 我国城市群形成过程中的区域负外部性及内部化对策研究［J］. 中国软科学，2014（8）：90 – 99.

［43］陆铭，陈钊，严冀. 收益递增、发展战略与区域经济的分割［J］. 经济研究，2004（1）：54 – 63.

［44］罗伯特·海宁. 空间数据分析理论与实践［M］. 李建松，秦昆，译. 武汉：武汉大学出版社，2009.

［45］骆玲，史敦友. 单中心城市群产业分工的演化规律与实证研究——以长三角城市群与粤港澳大湾区城市群为例［J］. 南方经济，2015，33（3）：120 – 128.

［46］马伟，王亚华，刘生龙. 交通基础设施与中国人口迁移：基于引力模型分析［J］. 中国软科学，2012（3）：69 – 78.

［47］马燕坤，肖金成. 都市区、都市圈与城市群的概念界定及其比较分析［J］. 经济与管理，2020，34（1）：18 – 26.

［48］曼瑟·奥尔森. 集体行动的逻辑［M］. 陈郁，郭宇峰，李崇新，译. 上海：格致出版社，2014.

［49］梅志雄，徐颂军，欧阳军. 粤港澳大湾区城市群城市空间吸引范

围界定及其变化［J］. 经济地理，2012，32（12）：47-52.

［50］宁越敏，施倩，查志强. 长江三角洲都市连绵区形成机制与跨区域规划研究［J］. 城市规划，1998（1）：16-20，32.

［51］欧向军. 淮海城市群空间范围的综合界定［J］. 江苏师范大学学报（自然科学版），2014，32（4）：1-7.

［52］欧阳峣，生延超. 城市群理论研究新进展［J］. 经济学动态，2008（8）：104-108.

［53］帕特里克·格迪斯. 进化中的城市：城市规划与城市研究导论［M］. 李浩，吴骏莲，叶冬青，马克尼，译. 北京：商务印书馆，2000.

［54］潘竟虎，刘伟圣. 基于腹地划分的中国城市群空间影响范围识别［J］. 地球科学进展，2014，29（3）：352-360.

［55］庞晶，叶裕民. 城市群形成与发展机制研究［J］. 生态经济（中文版），2008（2）：97-99.

［56］彭翀，顾朝林. 城市化进程下中国城市群空间运行及其机理［D］. 南京：东南大学，2011.

［57］乔彬，李国平. 城市群形成的产业机理［J］. 城市经济管理，2006（11）：34-45.

［58］Sandra Poncet. 中国市场正在走向"非一体化"？——中国国内和国际市场一体化程度的比较分析［J］. 世界经济文汇，2002（1）：3-17.

［59］沈体雁，劳昕. 国外城市规模分布研究进展及理论前瞻——基于齐普夫定律的分析［J］. 世界经济文汇，2012（5）：95-111.

［60］盛科荣，金耀坤，纪莉. 城市规模分布的影响因素——基于跨国截面数据的经验研究［J］. 经济地理，2013，33（1）：66-71.

［61］宋冬林，范欣，赵新宇. 区域发展战略、市场分割与经济增长——基于相对价格指数法的实证分析［J］. 财贸经济，2014（8）：115-126.

［62］宋家泰. 城市-区域与城市区域调查研究——城市发展的区域经济基础调查研究［J］. 地理学报，1980，35（4）：277-287.

［63］苏飞，张平宇．辽中南城市群城市规模分布演变特征［J］．地理科学，2010，15（3）：343－349．

［64］苏雪串．中国城市群的形成与发展在城市化中的作用——以长江三角洲为例［J］．山西财经大学学报，2004（1）：46－49．

［65］孙东琪，张京祥，张明斗，于正松，胡毅．长江三角洲城市化效率与经济发展水平的耦合关系［J］．地理科学进展，2013，32（7）：1060－1071．

［66］孙峰华，魏晓，王富喜．山东半岛城市群物流业核心竞争力可持续发展形成机制［J］．经济地理，2007，27（4）：571－574．

［67］孙久文，罗标强．基于修正引力模型的京津冀城市经济联系研究［J］．经济问题探索，2016（8）：71－75．

［68］孙伟，闫东升，吴加伟．城市群范围界定方法研究——以长江三角洲城市群为例［J］．地理研究，2018，37（10）：1957－1970．

［69］孙一飞．城镇密集区的界定——以江苏省为例［J］．经济地理，1995（3）：36－40．

［70］孙胤社．大都市区的形成机制及其定界：以北京为例［J］．地理学报，1992（6）：552－560．

［71］谈明洪，范存会．Zipf维数和城市规模分布的分维值的关系探讨［J］．地理研究，2004，23（2）：243－248．

［72］滕敏敏，韩传峰．中国城市群区域环境治理模式构建［J］．中国公共安全（学术版），2015（3）：1－4．

［73］王发曾，程丽丽．山东半岛、中原、关中城市群地区的城镇化状态与动力机制［J］．经济地理，2010，30（6）：918－925．

［74］王桂新，潘泽瀚，陆燕秋．中国省际人口迁移区域模式变化及其影响因素——基于2000年和2010年人口普查资料的分析［J］．中国人口科学，2012（5）：2－13．

［75］王婧，方创琳．中国城市群发育的新型驱动力研究［J］．地理研

究，2011，30（2）：335－347.

[76] 王珺. 城市群空间结构优化理论与实践：武汉城市圈发展探究 [M]. 北京：化学工业出版社，2014.

[77] 王磊，沈丹，庞玉萍. 全球化视域下的中国城市群动力机制与治理挑战 [J]. 区域经济评论，2013（4）：113－120.

[78] 王丽，邓羽，牛文元. 城市群的界定与识别研究 [J]. 地理学报，2013，68（8）：1059－1070.

[79] 王维，罗守贵. 上海都市圈城市间引力研究及基于人流量的实证分析 [J]. 软科学，2006，20（3）：19－22.

[80] 王玉明. 城市群环境共同体：概念、特征及形成逻辑 [J]. 北京行政学院学报，2015（5）：19－27.

[81] 王振坡，翟婧彤，张颖，游斌. 京津冀城市群城市规模分布特征研究 [J]. 上海经济研究，2015（7）：79－88.

[82] 沃尔特·克里斯塔勒. 德国南部中心地原理 [M]. 常正文，王兴中，等译. 北京：商务印书馆，2016.

[83] 沃尔特·克里斯塔勒. 城市的系统 [M] // 严重敏，等译. 城市与区域研究：严重敏论文选集. 上海：华东师范大学西欧北美地理研究所，1999：67－74.

[84] 邬丽萍，柯颖. 集聚经济三维框架：全球化背景下城市群形成与发展的战略选择 [J]. 经济问题探索，2010（7）：45－49.

[85] 吴志强. 城市规划原理 [M]. 北京：中国建筑工业出版社，1991.

[86] 吴传清，李浩. 国外城市群发展浅说 [J]. 产经评论，2003（5）：30－32.

[87] 吴瀚然，沈映春，胡庆江. 京津冀区域经济增长的空间关联特征及其解释——基于空间自相关与网络分析法 [J]. 江西社会科学，2016（3）：75－80.

［88］吴启焰. 城市密集区空间结构特征及演变机制——从城市群到大都市带［J］. 人文地理, 1999（1）: 15 - 20.

［89］肖枫, 张俊江. 城市群体经济运行模式——兼论建立"共同市场"问题［J］. 城市问题, 1990（4）: 8 - 12.

［90］熊世伟. 经济全球化、跨国公司及其对上海城市发展的影响［J］. 城市规划汇刊, 1999（2）: 21 - 24.

［91］徐康宁, 赵波, 王绮. 长三角城市群: 形成、竞争与合作［J］. 南京社会科学, 2005（5）: 1 - 9.

［92］徐永健, 许学强, 闫小培. 中国典型都市连绵区形成机制初探——以粤港澳大湾区和长江三角洲为例［J］. 人文地理, 2000, 15（2）: 19 - 23.

［93］许学强, 周春山. 论粤港澳大湾区大都会区的形成［J］. 城市问题, 1994（3）: 3 - 6, 24.

［94］薛东前, 姚士谋, 张红. 关中城市群的功能联系与结构优化［J］. 经济地理, 2000（6）: 52 - 55.

［95］薛薇. 基于 SPSS 的数据分析［M］. 2 版. 北京: 中国人民大学出版社, 2011.

［96］阎小培, 胡宇冰. 穗港澳都市连绵区的形成机制研究［J］. 地理研究, 1997（2）: 22 - 29.

［97］杨国安, 甘国辉. 中国城镇体系空间分布特征及其变化［J］. 地球信息科学学报, 2004, 6（3）: 12 - 18.

［98］姚士谋, 徐丽婷, 郑涛, 等. 中国城市群快速成长的机理与新理念——以长三角城市群为例［J］. 人文地理, 2020, 35（1）: 11 - 18.

［99］姚士谋, 朱英明. 中国城市群［M］. 2 版. 合肥: 中国科学技术大学出版社, 2001.

［100］叶玉瑶. 城市群空间演化动力机制初探——以粤港澳大湾区城市群为例［J］. 城市规划, 2006, 30（1）: 61 - 66, 87.

［101］伊丽莎白·贝金塔. 格迪斯、芒福德和戈特曼: 关于"Megalopolis" 的分歧 [J]. 李浩, 华珺, 译. 国际城市规划, 2007, 22 (5): 8-16.

[102] 余吉祥, 周光霞, 段玉彬. 中国城市规模分布的演进趋势研究——基于全国人口普查数据 [J]. 人口与经济, 2013 (2): 44-52.

[103] 余瑞林, 刘承良, 丁明军, 熊剑平. 武汉对外经济联系腹地变动与都市圈范围的界定 [J]. 资源开发与市场, 2009, 25 (1): 23-27.

[104] 余瑞林, 刘承良. 皖江城市群空间范围的界定 [J]. 华东经济管理, 2010, 24 (4): 28-32.

[105] 袁瑞娟, 宁越敏. 全球化与发展中国家城市研究 [J]. 城市规划汇刊, 1999 (5): 53, 64-67.

[106] 臧锐, 杨青山, 杨晓楠, 张鹏. 增强城市群综合承载能力的政府合作机制研究 [J]. 经济地理, 2010, 30 (8): 1299-1303.

[107] 张京祥, 邹军, 吴君焰. 论都市圈地域空间的组织 [J]. 城市规划, 2001, 25 (5): 19-23.

[108] 张京祥. 城镇群体空间组合 [M]. 南京: 东南大学出版社, 2000.

[109] 张倩, 胡云锋, 刘纪远, 刘越, 任旺兵, 李军. 基于交通、人口和经济的中国城市群识别 [J]. 地理学报, 2011, 66 (6): 761-770.

[110] 张晓云. 全球化背景下辽中城市群的边缘与结构理论研究 [M]. 北京: 中国建筑工业出版社, 2012.

[111] 张协奎. 城市群资源整合与协调发展研究: 以广西北部湾城市群为例 [M]. 北京: 中国社会科学出版社, 2012.

[112] 张学良, 李培鑫. 城市群经济机理与中国城市群竞争格局 [J]. 探索与争鸣, 2014 (9): 59-63.

[113] 赵春艳. 关于城市群等级规模结构问题的研究——以陕西为例 [J]. 经济问题, 2007, 334 (6): 43-45.

[114] 赵璟, 党兴华. 基于分形理论的城市群最优空间结构模型与应用 [J]. 西安理工大学学报 (社会科学版), 2012, 28 (2): 240-246.

［115］赵来军，李怀祖．流域跨界水污染纠纷对策研究［J］．中国人口·资源与环境，2003，13（6）：49－54.

［116］赵勇，白永秀．城市群国内研究文献综述［J］．城市问题，2007（7）：6－11.

［117］赵勇，白永秀．中国城市群功能分工测度与分析［J］．中国工业经济，2012（11）：18－30.

［118］赵勇．国外城市群形成机制研究述评［J］．城市问题，2009（8）：88－92.

［119］郑毓盛，李崇高．中国地方分割的效率损失［J］．中国社会科学，2003（1）：64－72.

［120］周亮，赵琪，杨帆．基于POI与NPP/VIIRS灯光数据的城市群边界定量识别［J］．地理科学进展，2019，38（6）：840－850.

［121］周一星．中国的城市体系和区域倾斜战略探讨［M］//中国城市化道路宏观研究．哈尔滨：黑龙江人民出版社，1991.

［122］朱士鹏，张志英．黔中城市群空间范围界定和空间结构研究［J］．地域研究与开发，2015，43（5）：64－67，94.

［123］Anderson J E，James E，Yotov，et al. Specialisation：Pro and anti-globalizing 1990－2002［C］．Cage Online Working Paper，2010.

［124］Anderson J E，Wincoop E V. Gravity with gravitas：A solution to the border puzzie［J］．The American Economic Review，2003，93（1）：170－192.

［125］Bade F J，Laaser C F，Soltwedel R. Urban specialization in the internet age：Empirical findings for Germany［C］．Kiel Working Papers，2004.

［126］Baldwin R，Forslid R，Martin P，Ottaviano G，Robert-Nicoud F. Global and local spillovers models：Economic geography and public policy［J］．Comparative Evaluation of Xml Information Retrieval Systems，2006（4518）：345－357.

［127］ Beine M, Docquier F, Özden Ç. Diasporas ［J］. Social Science Electronic Publishing, 2009, 95 (1): 30 –41.

［128］ Bertinelli L, Black D. Urbanization and growth ［J］. Core Discussion Papers Rp, 2004, 56 (1): 80 –96.

［129］ Bhatta B. Modelling of urban growth boundary using geoinformatics ［J］. International Journal of Digital Earth, 2009, 2 (4): 359 –381.

［130］ Boudeville J R. Problems of Regional Economic Planning ［M］. Edinburgh: Edinburgh University Press, 1966.

［131］ Casali Y, Aydin N Y, Comes T. Machine learning for spatial analyses in urban areas: A scoping review ［J］. Sustainable Cities and Society, 2022 (85): 1 –18.

［132］ Doxiadis C A. Ecumenopolis: Tomorrow's City, Britannica Book of the Year 1968 ［M］. Encyclopaedia Britannica, 1968.

［133］ Duranton G, Puga D. Diversity and specialisation in cities: Why, where and when does it matter? ［J］. Urban Studies, 1999, 37 (3): 533 –555.

［134］ Duranton G, Puga D. From sectoral to functional urban specialisation ［J］. Journal of Urban Economics, 2001, 57 (2): 343 –370.

［135］ Fan C, Lu L. Connected components in random graphs with given expected degree sequences ［J］. Annals of Combinatorics, 2002, 6 (2): 125 –145.

［136］ Florida R, Gluden T, Mellander C. The rise the mega-region ［J］. Cambridge Journal of Regions, Economy and Society, 2008, 1 (3): 459 –476.

［137］ Fujita M, Krugman P, Mori T. On the evolution of hierarchical urban systems ［J］. European Economic Review, 1999, 43 (2): 209 –251.

［138］ Fujita M, Mori T. Structural stability and evolution of urban systems ［J］. Regional Science & Urban Economics, 1997, 27 (4 –5): 399 –442.

[139] Gabaix X. Zipf's law for cities: An explanation [J]. The Quarterly Journal of Economics, 1999, 114 (3): 739 – 767.

[140] Gottmann J. Megalopolis or the urbanization of the northeastern Seaboard [J]. Economic Geography, 1957, 33 (3): 189 – 220.

[141] Gottmann J. Megalopolis: The Urbanized Northeastern Seaboard of the United States [M]. New York: The Twentieth Century Fund, 1969.

[142] Grogger J, Hanson G H. Income maximization and the selection and sorting of international migrants [J]. Journal of Development Economics, 2011, 95 (1): 42 – 57.

[143] Hall P, Pain K. The Polycentric Metropolis: Learning from Mega-City Regions in Europe [M]. London: Earthscan Publications, 2006.

[144] Henry S, Boyle P, Lambin E F. Modelling inter-provincial migration in Burkina Faso, West Africa: The role of socio-demographic and environmental factors [J]. Applied Geography, 2003, 23 (2 – 3): 115 – 136.

[145] Jones A, Williams L, Lee N, et al. Ideopolis: Knowledge city-regions [EB/OL]. https://webarchive.nationalarchives.gov.uk/ukgwa/20090105080012/http://www.regenwm.org/rwmImages/publications/2707ideopolis_event2revised.pdf.

[146] Krugman P R. Geography and Trade [J]. Southern Economic Journal, 1992, 59 (2): 337 – 339.

[147] Krugman P. On the number and location of cities [J]. European Economic Review, 1993, 37 (2 – 3): 293 – 298.

[148] Lang R E, Dhavale D. Beyond Megalopolis: Exploring America's New "Megapolitan" Geography [R]. Metropolitan Institute Census Report Series, Census Report. Blacksburg, VA, Virginia Tech, 2005.

[149] Marull J, Font C, Boix R. Modelling urban networks at mega-regional: Are increasingly complex urban systemssustainable [J]. Land Use Policy, 2015 (43): 15 – 27.

[150] McFadden D. Conditional logit analysis of qualit-ative choice behavior [M] // Zarembka P. Frontiers in Econometrics. New York: Academic Press, 1973: 105 – 142.

[151] McGee T G. Urbanization or Kotadesasi? The emergence of new regions of economic interaction in Asia [C]. Working Paper, Honolulu: East-West Environment and Policy Institute, 1987.

[152] Myrdal G. Economic theory and underdeveloped regions [M]. London: Duckworth, 1957.

[153] Ohmae K. The rise of the region state [J]. Foreign Aff, 1993, 72 (2): 78 – 87.

[154] Ravenstein E G. The laws of migration [J]. Journal of the Statistic Society, 1889, 52 (2): 289 – 291.

[155] Ravetz J. The UK Spatial Planning Framework: A discussion [M]. London: Royal Town Planning Institute, 2000.

[156] Ross C L, Woo M, Barringer J, Lynn J, Doyle H. Identifying megaregions in the US: Implications for infrastructure investment [EB/OL]. https: // www. researchgate. net/profile/Catherine-Ross – 8/publication/237500119_Identifying_Megaregions_in_the_US_Implications_for_Infrastructure_Investment/links/0deec52f442da09512000000/Identifying-Megaregions-in-the-US-Implications-for-Infrastructure-Investment. pdf.

[157] Ross C L. Megaregions: Planning for Global Competitiveness [M]. Washington: Island Press, 2009.

[158] Scott A J. Regional motors of the global economy [J]. Future, 1996 (5): 391 – 411.

[159] Soo K T. Zipf's law for cities: A cross-country investigation [J]. Regional Science & Urban Economics, 2005, 35 (3): 239 – 263.

[160] Storper M. The city: Centre of economic reflexivity [J]. Service In-

dustries Journal, 1997, 17 (1): 1 –27.

[161] Tabuchi T, Yoshida A. Separating urban agglomeration economies in consumption and production [J]. Journal of Urban Economics, 2000, 48 (1): 70 –84.

[162] Tannier C, Thomas I, Vuidel G. A fractal approachto identifying urban boundaries [J]. Geographical Analysis, 2011, 43 (2): 211 –227.

[163] Tannier C, Thomas I. Defining and characterizing urban boundaries: A fractal analysis of theoretical cities and Belgian cities [J]. Computers Environment & Urban Systems, 2013, 41 (41): 234 –248.

[164] Ullman E L. American Commodity Flow [M]. Seattle: University of Washington Press, 1957.

[165] Warnes A M. Migration to and seasonal residence in Spain of Northern European elderly people [J]. European Journal of Gerontology, 1991 (1): 53 –60.

[166] Yamamoto K. Agglomeration and growth with innovation in the intermediate goods sector [J]. Regional Science & Urban Economics, 2003, 33 (3): 335 –360.

[167] Yao A L. Borders and distance in knowledge spillovers: Dying over time or dying with age? —Evidence from patent citations [J]. European Economic Review, 2014 (71): 152 –172.

[168] Zipf G K. Human behavior and the principle of least effort [M] // Human Behavior and the Principle of Least Effort. Addison-Wesley Press, 1949: 180 –183.